Muy pocos hombres pueden comuni[car a]tu Santo como Bill Johnson. Sus escr[itos, como s]u predicación, siempre son enriquecedores; sin embargo este libro, *Naciste para trascender*, podría ser el mejor hasta ahora. Es una obra maestra, un obsequio para el cuerpo de Cristo y creo que afectará tu perspectiva en formas que cambiaran tu vida. Solo tienes una vida. ¡Haz que cuente!

—Daniel Kolenda,
presidente de Cristo para todas las naciones y autor
de *Aplastarás dragones* y *Vive antes de morir*

En estos tiempos beligerantes y conflictivos, no hay mejor libro para leer que *Naciste para trascender*. Bill Johnson ha escrito la obra ideal para esta era actual en la que vivimos. Como hijo de Dios, debes conocer tu travesía y ver un camino novedoso y refrescante. Este libro trata acerca de la humildad en el trayecto que tienes por delante, la promoción en la senda que enfrentas y la percepción en tu camino avante. *Naciste para trascender* tiene que ver con aprehender el favor y caminar en victoria, venciendo en medio de la guerra y el descanso. Cuando uno inicia esta lectura, se encuentra —hasta cierto punto— en el camino de la vida y la liberación. Absorbe las palabras y aprende de alguien que ha estado en conflicto y que, sin embargo, ha vencido. Bill Johnson realmente ha resistido la prueba en el cuerpo de Cristo. Recibe cada palabra de sabiduría que él expresa en estas páginas.

—Dr. Chuck D. Pierce,
autor de *Cuando Dios habla*, *Cómo interpretar los tiempos* y *Es hora de vencer al enemigo*

El nuevo libro de Bill Johnson, *Naciste para trascender*, es una obra extraordinaria que aporta equilibrio a temas muy necesarios, como por ejemplo: el favor con Dios y el hombre, prevalecer en la vida, la promoción y la bendición. Bill nos lleva por la senda estrecha, el camino bíblico, evitando el punto de vista de que —para ser espirituales— debemos ser pobres, y obviando la perspectiva de que no ser rico indica que algo anda mal con nuestra fe. En un tiempo en el que hay tantas críticas al mensaje de la *salud y la riqueza*, es reconfortante ver a alguien revelarnos la manera bíblica de navegar entre lo que creo que son puntos de vista extremos y no escriturales a ambos lados. Me encantó el libro, lo hallé fascinante, liberador, explicativo y alentador. No es demasiado simplista ni está repleto de argumentos religiosos. Está lleno de la sabiduría de Dios. Bill nos ayuda a comprender el porqué de nuestra bendición y nuestro favor, y cómo se supone que seamos una fuente de bendición para otros; reinamos en la vida para servir a los demás. Este es un libro lleno de sabiduría, uno que puedo decir que se ha estado filtrando en Bill durante años. En la plenitud de los tiempos, Bill está compartiendo con nosotros las verdades reveladoras que ha comprobado por el Espíritu Santo. No es solo un libro de sabiduría; también lo es de esperanza. Bill explica la base fundamental de tal esperanza en la sabiduría de Dios. Este es el tipo de libro que es tan práctico que querrás comprar otros para regalarles a tus amigos y familiares.

—RANDY CLARK,
presidente de Global Awakening Theological Seminary,
autor de *Hay algo más, La guía esencial para la sanidad* y
La guía bíblica para la liberación

En el norte de Mozambique, donde vivimos y ministramos, siempre decimos que queremos estar a los pies del Maestro, ocupar una posición humilde ante Dios, el lugar de un siervo. Es un honor para nosotros hacerlo porque sabemos que siempre que hacemos las cosas con humildad, lo hacemos por el gozo puesto ante nosotros: las grandes bendiciones y la vida eterna para el pueblo de Dios, además de la gloria de Dios revelada en la tierra. Bill Johnson y su familia eclesial han sido una gran fortaleza y un obsequio inspirador para nosotros durante muchos años, en las buenas y en las malas. Cuando Bill escribe en cuanto a convertirnos en una bendición por el bien de los que nos rodean, habla por experiencia propia. Estamos más que agradecidos por llamarlo amigo y oramos para que encuentres, en sus palabras, un nuevo anhelo por la verdadera humildad; de modo que también puedas portar la gracia plena y la abundancia de tu llamamiento.

—HEIDI G. BAKER,
fundadora y presidenta ejecutiva de Iris Global,
autora de *El Nacimiento de lo milagroso*

Creo que estamos entrando en el tiempo en el que los hijos de Dios tendrán una oportunidad sin precedentes para revelar la gloria de su Padre en cada área y nivel de la sociedad. Para que los hijos de Dios brillen de tal forma, es esencial que comprendan cómo funcionan el crecimiento, la promoción y la identidad en el reino de Dios; nunca he leído una guía más profunda y capacitadora en cuanto a este proceso que *Naciste para trascender*, de Bill Johnson. Es una invitación a un prolongado viaje de gloria para toda la vida y una guía potencialmente salvadora de las trampas que intentan socavar esa travesía.

—BLAKE HEALY,
director de Bethel Atlanta School of Supernatural Ministry,
autor de *El velo: una invitación al reino invisible*

El nuevo libro de Bill Johnson, *Naciste para trascender*, me llevó a estudiar y forjó mi fe tanto en lo particular como para mi familia y mis amigos. He leído un puñado de libros que me han inyectado perspectiva en el tiempo oportuno, por lo que sentí que este era uno de ellos. Bill es un experto comunicador que nos habla, sobre todo, acerca de una conexión profunda con la voluntad de Dios a la vez que desmitifica los procesos que normalmente parecen inalcanzables. Creo que este es un libro clave, en estos tiempos en que vivimos, para despojarnos de las viejas formas de pensar y mejorar nuestra perspectiva particular. Será uno de los pilares del reino de Dios que ha de desarrollar tu madurez con el fin de que tu corazón pueda ser una vía de acceso para la promoción y el significado que Dios desea para ti.

—SHAWN BOLZ,
presentador televisivo y de los podcasts Exploring the Prophetic

Bill Johnson es muy querido para mí. Hay pocas personas a las que admire más. Su integridad y su autenticidad son del más alto calibre. Lo he visto mostrar amor a su esposa, a sus hijos, a sus nietos y a sus amigos, así como también al pueblo de Dios en una manera que ocurre una vez en cada generación. No puedo expresar con palabras lo agradecido que estoy de ver a Jesús reflejado en la vida de Bill Johnson. El modo en que ha amado a toda mi familia, a mi esposa Jessica y a mí, nos ha cambiado para siempre. Creo que este libro te impactará, igual que a las generaciones venideras, con una unción fresca.

—MICHAEL KOULIANOS,
evangelista y fundador de Jesus Image

NACISTE PARA
TRASCENDER

BILL JOHNSON

CASA
CREACIÓN
Para vivir la Palabra

Para vivir la Palabra

MANTÉNGANSE ALERTA;
PERMANEZCAN FIRMES EN LA FE;
SEAN VALIENTES Y FUERTES.
—1 CORINTIOS 16:13 (NVI)

Naciste para trascender por Bill Johnson
Publicado por Casa Creación
Miami, Florida
www.casacreacion.com
©2021 Derechos reservados

ISBN: 978-1-629992-73-0
E-book ISBN: 978-1-955682-01-5

Desarrollo editorial: *Grupo Nivel Uno, Inc.*
Diseño interior: *Grupo Nivel Uno, Inc.*

Publicado originalmente en inglés bajo el título:
Naciste para trascender
por Charisma House
600 Rinehart Road, Lake Mary, Florida 32746
Copyright © 2020 por Bill Johnson
Todos los derechos reservados.

Impreso en Colombia

21 22 23 24 25 LBS 9 8 7 6 5 4 3 2 1

Me complace dedicar este libro a Shawn y Cherie Bolz. Han sido mis amigos personales por muchos años. Es más, tuve el privilegio de oficiar su boda. Durante nuestros muchos años de amistad, colaborando juntos en el ministerio, los he visto constantemente luchar por resguardar la relevancia de cada persona. Sin importar cuán rico o pobre sea el individuo ni cuán secular o religioso haya sido su papel en la sociedad. Los amo y me encanta la forma en que ven la vida. Otorgan una gran libertad a todos los que los acogen.

Shawn y Cherie: Ustedes han sido una gran fuente de inspiración en mi vida. Gracias por ayudar a reevaluar el propósito de lo profético en esta época. Los amo a los dos.

Hace unos años tuve este pensamiento que ha inspirado y resguardado la singularidad del individuo: *Si supieras cómo te hizo Dios, no querrías ser otra persona.* Shawn y Cherie modelan esto bien, capacitando a los individuos para que sean todo lo que Dios quiso que fueran. A cada uno de ustedes les digo: *¡Naciste para trascender!*

CONTENIDO

RECONOCIMIENTOS

Quiero agradecer a mi equipo de trabajo por su ayuda en todo lo que hago: Michael Van Tinteren, Kelsey King y Abigail McKoy. Un agradecimiento especial a Pam Spinosi, cuya contribución y edición ayudaron a hacer posible este libro. También quiero agradecer a mis amigos de Casa Creación por asumir este proyecto y expresar mi gratitud especialmente a Debbie Marrie, por su paciencia y su ayuda en la edición. Gracias a todos ellos por su labor de amor.

PRÓLOGO

A menos que se lo haya prohibido, cada uno de nosotros tiene un deseo innato por la *trascendencia* y el *éxito*. Estos dos deseos están estrechamente relacionados, ya que anhelamos tener una vida que cuente. Sin embargo, para ello, primero debemos percatarnos de que nuestra trascendencia proviene de *lo que somos* (identidad) y que el éxito es resultado de *lo que hacemos* (propósito).

Muchos han tropezado al intentar encontrar relevancia en lo que hacen y no en *lo que son*. Esto, a su vez, produce una identidad basada en el desempeño; lo cual hará que siempre busques y te esfuerces más por alcanzar mayor relevancia.

Lo que quiero decir es lo siguiente: cada creyente es salvo por gracia para que —antes que todo— *sea un hijo de Dios y esa misma gracia lo faculta igualmente para hacer algo*. (Ver Efesios 2:8-10). Estas dos verdades son inseparables. Nunca podemos enfatizar demasiado una en detrimento de la otra. La trascendencia, por lo tanto, se concreta mediante el desarrollo tanto de la identidad como del propósito. No puedo enfatizar lo suficiente que *lo que somos* en Cristo Jesús es primordial para *lo que hacemos*, puesto que cualquier cosa que hagamos debe ser una expresión de lo que somos.

Aquí tenemos otra razón por la que a menudo las cosas fracasan: olvidamos que Dios es eterno. Por lo tanto, no ve nuestras vidas de la misma manera en que las vemos nosotros a menudo. Por esa razón, las definiciones de Dios acerca de la *trascendencia* y el *éxito* no son como las nuestras, que son conceptos humanos y terrenales. De acuerdo a los términos del mundo, muchos de los creyentes que fueron martirizados por su fe serían considerados como fracasados. Sin embargo, eso no es así para Dios: ¡Él ve las cosas a lo largo de la historia a través del lente de la eternidad!

En el Salmo 90:17, Moisés le pidió a Dios (no una sino dos veces) que "confirmara la obra de nuestras manos", es decir, que les diera éxito en lo que hicieran. Hay que observar lo siguiente, primero, los escritores hebreos no desperdiciaban palabras. No repetían ideas solo para llenar espacios adicionales. Es más, cuando repetían algo, era para enfatizar intencionadamente algún asunto, de la misma manera que destacamos hoy algunas frases o palabras en letras negritas, cursivas o mayúsculas. En segundo lugar, esas palabras provienen de las Escrituras y nos revelan la intención de Dios para nuestras vidas. ¡Sí, el deseo de Dios es ayudarnos a tener éxito! Sin embargo, debemos recordar que Dios tiene una perspectiva acerca de la trascendencia y el éxito muy diferente a la nuestra.

Nuestro mundo cambia constantemente. Los nombres se recuerdan por un tiempo y los legados perduran por una temporada, pero la historia —a fin de cuentas— avanza inexorablemente. Incluso las cosas que ahora consideramos más seguras se transformarán enormemente o dejarán de existir dentro de unos cientos de años.

Eso no ocurre con Dios. Él nunca cambia. Desde el principio hasta el final, por toda la eternidad, Dios seguirá siendo el mismo. Su estándar nunca cambiará. Su amor por nosotros nunca cambiará. Sus definiciones acerca de *la trascendencia y el éxito* no cambiarán nunca.

Si queremos tener éxito —realmente— en la vida, debemos tenerlo según la definición eterna de Dios. Todos los demás éxitos algún día fracasarán. Solo el que es acorde a la norma de Dios perdurará. Me emociona mucho que mi querido amigo Bill Johnson escribiera *Naciste para trascender*. Tengo un gran respeto por él. Su vida es un libro abierto que nos invita a todos a participar activamente en el desarrollo de la historia de Dios en la tierra, misma que une las realidades del cielo con las necesidades de la humanidad. Si deseas despertar a una vida trascendente, las palabras que siguen te proporcionarán el combustible que necesitas para hacer que tu vida cuente, tanto ahora como por la eternidad.

Este libro es más que palabras sobre el papel; su mensaje es el resultado de una vida bien vivida. Independientemente de tu etnia, género o vocación, ¡naciste para trascender!

—JOHN BEVERE
Autor de *La trampa de Satanás*
y fundador de Messenger International

INTRODUCCIÓN

E ste libro *no* es una invitación a obtener riqueza, fama o poder *en el nombre de Jesús*. Es una invitación a un viaje de por vida, bajo el temor del Señor, para descubrir todo lo que Dios quiere que seamos en esta tierra. Nuestros mayores desafíos, a menudo, tienen que ver con aprender a caminar con humildad a la vez que experimentamos una relevancia e influencia cada vez mayores. En reacción a ello, muchos creyentes han optado por la irrelevancia simplemente porque es más fácil llevar una vida de la que se espera poco. Trágicamente, la iglesia suele decir que eso es *humildad*. No lo es. Negar el propósito de Dios con nuestras vidas es cualquier cosa menos humildad. Por esa razón, el miedo —para los que están atados a él— a menudo es llamado *sabiduría*. Es hora de deshacerse de esas restricciones que se han disfrazado de virtudes y responder afirmativamente a la invitación que Dios nos extiende a trascender.

Sin embargo, nuestra trascendencia debe concordar con la definición de Cristo. "Conviértete en niño". "Conviértete en servidor de todos". Estas son las cosas a las que todos decimos amén al principio. Pero rara vez abordamos lo que sigue a esas decisiones para volvernos pobres de espíritu: la promoción. Cuando decimos que sí a convertirnos en personas humildes ante nuestros propios ojos, dispuestos a ser siervos de todos los que nos rodean, quiere decir que Dios ha encontrado a alguien en quien puede confiar con la promoción social.

¿Ahora qué? Sigue leyendo y descubramos juntos la maravillosa intención de Dios para la iglesia, su cuerpo, la morada literal del Espíritu Santo en la tierra.

PRIMERA PARTE

EL PROPÓSITO
DE LA
PROMOCIÓN

CAPÍTULO 1

BIENVENIDO A UNA VIDA CONFLICTIVA

No es ningún secreto que este glorioso caminar con Jesús es un viaje de conflictos, desafíos y —por supuesto— extrema bendición. Sin embargo, el conflicto suele ser interno. En otras palabras, no es solo la parte externa de una vida de circunstancias difíciles o luchas con la gente. Gran parte del conflicto yace en el interior mientras tratamos de aprender cómo se supone que funciona la vida en Cristo. Nuestra manera de pensar difiere mucho de lo que hallamos en las páginas de la Escritura, la cual revela la mente de Cristo. La forma de pensar de Dios es completamente distinta a la nuestra y no va a cambiar. Él no solo contradice a menudo lo que pensamos y la manera en que lo hacemos; a veces parece estar en conflicto consigo mismo. Esa es una conclusión insensata, lo sé, y proviene únicamente del razonamiento humano. Pero revela al menos parte de la razón de nuestras luchas internas en esta vida conflictiva, ya que solo puedes vivir donde has muerto.

El punto principal que deberíamos aprender
en este dilema es simple pero profundo.
La Palabra de Dios se entiende mejor en *relación* con Dios.
#nacisteparatrascender

La Biblia está llena de esos ejemplos, de los cuales mencionaré algunos para dar cierto contexto. Encontramos una gran ilustración de este conflicto en Proverbios 26:4. Ahí, él dice: "Nunca respondas al necio de acuerdo con su necedad, para que no seas tú también como él. Responde al necio como merece su necedad, para que no se estime sabio en su propia opinión" (RVR1960). Ahí están, versículos consecutivos que nos ordenan hacer cosas opuestas. No respondas al necio. Responde al necio. Hallamos casos similares a lo largo de las Escrituras. He aquí un ejemplo en la vida del apóstol Pablo. Jesús les ordenó a sus seguidores que fueran por todo el mundo y predicaran el evangelio. Sin embargo, cuando Pablo trató de ir a Asia —que obviamente es parte del *mundo entero*— para cumplir la misión, el Espíritu Santo le dijo que no fuera. Luego, en un sueño, se le indicó que se dirigiera a Macedonia. Obedeció manifiestamente una orden, solo para que le dijeran que no la cumpliera, para —luego— volverle a ordenar que la retomara.

La Biblia es mucho más que un libro de principios
que puedo imitar para tener éxito.
Es por naturaleza una invitación a caminar con su autor.
#nacisteparatrascender

Otro ejemplo es la instancia en la que Jesús nos instruyó a amar a nuestro prójimo como a nosotros mismos. Por tanto, el amor propio parece ser una parte necesaria para amar eficazmente a nuestro prójimo. Y, sin embargo, en su carta a Timoteo, Pablo le advirtió contra aquellos que en los últimos días serían amantes de sí mismos. Entonces, ¿nos amamos a nosotros mismos o no? Estas no son realmente contradicciones, pero nos recuerdan nuestra necesidad de permanecer cerca de su corazón para saber qué hacer en una situación determinada.

JESÚS, EL MAESTRO

La enseñanza de Jesús a menudo creaba esos desafíos. Él nos enseñó que, para vivir, tendríamos que morir. Requirió de sus seguidores que fueran los últimos para convertirse en los primeros, dar para recibir y humillarse para ser exaltados. También enseñó que los que lloran encontrarán gozo y consuelo, y que los perseguidos serán felices. (La palabra *bendito* significa feliz). La lista sigue. El punto principal que deberíamos aprender en este dilema es simple pero profundo. La Palabra de Dios se entiende mejor *en relación con Dios*. La Biblia es mucho más que un libro de principios que puedo imitar para tener éxito. Es, por naturaleza, una invitación a caminar con su autor. Esta es la única forma en que puedo saber si responder al necio.

En lo que se refiere a cómo debemos vivir, hay mucho que podemos extraer de la Palabra de Dios sin que el Espíritu Santo lo aclare en el contexto de nuestra conexión con él. Y es el Espíritu Santo quien nos capacita para hacer lo que leemos. Ciertamente podemos aprender acerca de la bondad, la generosidad, el coraje y cosas por el estilo a medida que, a través del razonamiento humano, tratamos de extraer los principios de la vida de las páginas de las Escrituras. Pero el poder para la transformación personal se encuentra en una relación con aquel que es tanto el autor como el revelador de la verdad. Mi necesidad de su opinión es más que diaria. Es momento a momento. El hecho de que él viva en mí, en parte, es por esa razón.

¿Y QUÉ ACERCA DEL SIGNIFICADO?

Se puede decir que primero debemos descubrir nuestra insignificancia para descubrir nuestro significado —relevancia o trascendencia—, sabiendo que no hay nada que podamos hacer para salvarnos a nosotros mismos ni para mejorar nuestras vidas a la luz de la eternidad separados de Dios. No podemos llegar al cielo por nuestro propio esfuerzo. Esto nos coloca en una situación de total abandono y vulnerabilidad, lo cual es bastante humillante. Podemos tomar decisiones para mejorar nuestras vidas, pero no podemos cambiar nuestra naturaleza de manera sustancial. Estamos marcados por el pecado mismo y necesitamos ayuda de afuera para ser libres.

Muchas personas se esfuerzan por desarrollar una autoestima apropiada. La necesidad es real y grande. Pero como fuimos creados a imagen de Dios, nuestra verdadera autoestima proviene de lo que entendamos de él y de su naturaleza. Ver eso con mayor claridad es lo que nos posiciona para vernos a nosotros mismos desde el punto de vista de Dios más manifiestamente.

Dios no nos creó porque nos necesitara. Eso lo haría a él, que es eterno, incompleto por toda la eternidad pasada. Dios no tiene necesidad y es autónomo. Él no nos creó para satisfacer su necesidad; él no tiene necesidades. Al contrario, fuimos hechos porque soñó con hacernos, porque deseó hacernos. A la luz de ello, se puede decir que el valor o la *importancia* de algo está determinado por lo que alguien está dispuesto a pagar. Teniendo en cuenta que el Padre dio a su Hijo Unigénito, que Jesús dio su vida y que el Espíritu Santo vive en vasos imperfectos, hay razones para creer que nuestra valía está mucho más allá de la capacidad de comprensión que tenemos. Dios mismo destaca así nuestro significado con bastante fuerza. Solo en una relación con él encontramos el camino singular para este descubrimiento.

BUEN INTENTO

Muchos de los que han vislumbrado la vida cristiana victoriosa, a través del *brazo de la carne*, han fortalecido su confianza en sí mismos, lo cual es un intento fallido de la fe y el triunfalismo. La confianza en uno mismo no es la más importante. La fe real es tan grande como Dios y tiene su fundamento en la naturaleza y la persona de él. Por tanto, la confianza en Dios es superior a cualquier otra expresión en la vida porque está fundada en la persona del propio Dios. No se construye a través de esfuerzo alguno. Viene absolutamente a través de la entrega. Reside en la verdadera humildad, que está muy lejos de la autocrítica y la condena. La fe verdadera mueve montañas y se afianza en la asociación concedida por la naturaleza de Dios. Encuentro significado —relevancia o trascendencia— y confianza cuando descubro que, como creyente nacido de nuevo, estoy en Cristo. En eso radica mi significado, mi valía, mi trascendencia. Como resultado, mi significación es más sustancial de lo que jamás hubiera deseado para mí mismo antes de rendirme a este Padre perfecto.

La confianza en uno mismo no es la más importante.
La fe real es tan grande como Dios y tiene su
fundamento en su naturaleza y la persona de él.

#nacisteparatrascender

Debemos admitir que vemos a través de un espejo en la oscuridad, buscando a tientas lo que se nos ha eludido durante generaciones: ¡una comprensión clara de la victoria que se nos ha proporcionado a través de la cruz y la resurrección que afecta todas las áreas de la vida! Sí, por supuesto, esto debe verse en nuestra victoria sobre el pecado. Pero, ¿qué pasa con esa victoria en lo que respecta a la vida familiar? ¿O tal vez la forma en que se ve en nuestra salud física o incluso el tema tabú de las finanzas? ¿Qué pasa con nuestra salud mental y emocional? ¿Qué pasa con los sueños de Dios relacionados con el llamado y el propósito de nuestras vidas? Y luego están los lugares de servicio a los que Dios nos ha llamado fuera del ministerio del púlpito y el maravilloso campo de las misiones mundiales tradicionales. ¿Cómo se ve el creyente al ilustrar el poder de la resurrección de Jesús en cada parte de la vida en nuestras comunidades, incluido el mercado? ¿Es eso siquiera posible? Quizás deberíamos preguntarnos si es incluso deseable.

Creo que no solo es deseable, sino que también se *requiere* que esta generación busque lo que ha estado fuera de la vista durante siglos, que por la gracia de Dios esto haya pasado a primer plano en nuestra búsqueda de la *reforma*, el *avivamiento* y el *renacimiento*. Estos tres términos, que a menudo se usan indistintamente, describen diversos aspectos de lo que está a la disposición de aquellos que buscan la posición en la que cumplan su responsabilidad con el evangelio en esta hora. Me encantan estos temas, ya que dan sentido a la importancia de nuestro papel en la sociedad. Mi trabajo no es ir al cielo; es traerlo a la tierra, en la medida que lo permita la voluntad de Dios. Esto se logra mediante la oración y la obediencia.

NUESTRO RETO

La pregunta que entonces debo hacer es la siguiente: ¿Es posible llevar mi cruz y entrar a una vida resucitada que ilustre una existencia con libertad en Dios? El término que usaré a lo largo de este libro es *reinar en vida*. Reinar en vida es triunfar en una manera que glorifique a Dios a través del efecto generado por la muerte y la resurrección de Cristo. Este concepto es clave para entender el libro de Proverbios, ya que toda la sabiduría que nos da es con el fin de prepararnos para reinar en vida. Pablo también aborda este tema en su discurso sobre nuestra salvación en Romanos 5:17: "Pues, si por la transgresión de un solo hombre reinó la muerte, con mayor razón los que reciben en abundancia la gracia y el don de la justicia *reinarán en vida* por medio de un solo hombre, Jesucristo". Este es un aspecto esencial de nuestra vida en Cristo. Ilustra el efecto de su justicia y su gracia en nuestras vidas quebrantadas pero entregadas.

Mi trabajo no es ir al cielo; es traerlo a la tierra,
en la medida que lo permita la voluntad de Dios.
#nacisteparatrascender

Por tanto, vuelvo a preguntar: ¿Cómo se supone que debe ser la bendición en los aspectos prácticos de la vida? ¿Puede medirse en nuestra vida particular, en nuestras finanzas, en nuestra salud, en nuestras posiciones de influencia, etc.? ¿Se supone que el *reinar en la vida* juega un papel en la Gran Comisión? Esta parece ser una lección principal en el Salmo 67. Es una oración pidiendo bendición personal, un favor, "que tu camino sea conocido en la tierra, y tu salvación a las naciones". Ahí está: la Gran Comisión: salvación para las naciones.

Mi frustración está en el encuentro constante con aquellos que tienen mayor fe en el regreso de Jesús que en el poder del evangelio. Su regreso será grande, glorioso y es deseable. Pero ese regreso no soluciona nada para el mundo, que se supone que es nuestra asignación y nuestra prioridad. Solo nos sirve a nosotros. Debemos recuperar nuestra confianza en el poder de las buenas nuevas para transformar una vida, una familia, un vecindario, una ciudad, un estado y una nación. Si puede traer transformación a uno de esos elementos en la vida, puede hacerlo por todos. Y debe hacerlo.

EL DESAFÍO DE LOS EXTREMOS

Por un lado, tenemos a los que creen que la carencia o la pobreza es señal de espiritualidad. Para ellos, Jesús no tenía un lugar donde recostar su cabeza y no poseía nada más que la ropa que llevaba encima; de modo que, si no poseemos nada, se supone que representa que somos discípulos genuinos. Esa lógica es muy frágil, se rompe con bastante facilidad, porque no aparece en las enseñanzas ni en los escritos de los apóstoles en las epístolas. Tampoco fue practicada por la iglesia de la primera generación, que tuvo la influencia más directa de Jesús y los apóstoles. Esta idea se basa en la consideración aislada de un aspecto de la enseñanza de Jesús sin tomar en cuenta el resto. Y, curiosamente, los que viven de esta manera se alimentan muy felices de las contribuciones de quienes tienen recursos. Eso es hipocresía, a mi modo de ver. Si el proceso para crear riqueza es malo, entonces también tiene que ser malo beneficiarse de esos recursos al recibir ofrendas.

Lo que encuentro interesante es que la mayoría de los críticos más fuertes de la prosperidad en la vida del creyente reprochan, por un lado, la enseñanza de Jesús de vender todo y seguirlo. Este razonamiento en contra de la idea de que un creyente sea bendecido es utilizado por personas que rara vez han vendido todo para seguirlo, lo que hace que su argumento sea frágil.

Por otro lado, a menudo como reacción a esa forma de pensar, hallamos a los que enseñan que medimos la espiritualidad por nuestras posesiones, ingresos y estatus en el escenario mundial. Tampoco podemos encontrar eso en la enseñanza ni en el ejemplo de Jesús. Eso es bastante opuesto a la vida que llevó él. Tampoco fue enseñado ni practicado por los padres de la iglesia primitiva. Así que perdona mi franqueza, pero considero que ambas enseñanzas son reacciones entre sí, representaciones enfermizas del Rey y su reino. Estos problemas deben resolverse si alguna vez vamos a tener éxito en la comisión de discipular a las naciones.

Estamos diseñados para reinar en vida mediante la prosperidad del alma. Nuestro mundo interior define nuestro mundo exterior. Solo en el contexto de un gran favor y de la promoción podemos tener éxito formando discípulos entre las naciones. Incluso Jesús se ganó el favor de Dios y el de los hombres. Es hora de que reconozcamos la necesidad del favor en todos los ámbitos para tener éxito en nuestra tarea.

GOBERNAR O SERVIR

Muchos conocen el mandamiento de amar y servir a los demás. Pero, ¿sabías que también se nos ordena gobernar? Todo gobierno tiene estos dos compromisos básicos ante Dios: gobernar y servir. Nuestra tarea de gobernar es proteger. Nuestra misión de servir es empoderar. En otras palabras, mandamos para proteger y servimos para empoderar.

No importa si estamos hablando del presidente de una nación, el ejecutivo de una corporación o la mamá y el papá de un hogar. Gobernamos para proteger. Gobernar no es para autopromocionarnos o beneficiarnos. Se nos da autoridad en diferentes medidas para hablar en nombre de aquellos que tienen poca o ninguna voz, trayendo justicia divina y seguridad a través de la fiel mayordomía de nuestra influencia.

Dios le advirtió a Israel en cuanto al deseo de ellos de tener un rey puesto que individuos como ese que querían, al fin y al cabo, convertirían su función en algo para beneficio propio. Cuanto mayor es la autoridad que descansa sobre una persona, mayor es la capacidad que tiene para generar cambios y transformaciones. Por desdicha, la autoridad también puede traer destrucción si se usa indebidamente.

Debemos aprender a gobernar con el corazón de un siervo
y a servir con el corazón de un rey.
Puede que nos lleve toda una vida aprender eso bien,
pero vale la pena el viaje.
#nacisteparatrascender

Estos mismos principios son válidos para la iglesia y la familia. Cuando Pablo se dirige a los ancianos de la iglesia, declara: "Los ancianos que gobiernan bien, sean tenidos por dignos de doble honor, mayormente los que trabajan en predicar y enseñar" (1 Timoteo 5:17 RVR1960). Los ancianos gobiernan la iglesia. Los padres deben gobernar bien sus hogares.

Jesús modeló tanto el gobernar como el servir. Así que es, tanto Rey de todos los reyes como servidor de todos. Su perspectiva es lo que hace que el descubrimiento de nuestra trascendencia sea un viaje seguro, ya que cada papel tiene el propósito de glorificarlo en todo. La conclusión es que debemos aprender a *gobernar con el corazón de un siervo y a servir con el corazón de un rey.* Puede que nos lleve toda una vida aprender eso bien, pero vale la pena el viaje.

EL PROPÓSITO DE LA BENDICIÓN

En muchas ocasiones, les he dicho a las familias de nuestra iglesia que, si no quieren más es porque son egoístas. De todo lo que he dicho, esa declaración es una de las más fáciles de criticar. Y aunque puedo presentar un contundente caso bíblico en su contra, también creo que es completamente preciso en el contexto en el que lo hablo.

Por supuesto, muchos piensan automáticamente que estoy diciendo que deberíamos querer riqueza, fama y poder. Estas cosas son malas falsificaciones de la influencia y la autoridad del reino. Son un enfoque absolutamente erróneo. Y si bien es cierto que Dios derrama esas cosas en la vida de las personas en diversas medidas y formas fascinantes, mi enfoque en este tema es bastante distinto.

Todos estamos rodeados de las necesidades de las personas: económicas, emocionales, físicas, relacionales, mentales y espirituales. La lista es interminable. Para ser específicos, algunos no solo necesitan una comida; también necesitan un ser restaurado en un trabajo para poder convertirse en un contribuyente de la sociedad y recuperar la dignidad perdida a través de su tiempo de prueba, su enfrentamiento con la injusticia o incluso la temporada que vive con las consecuencias de sus malas decisiones.

Cuanto más débil soy en el aspecto económico, menos puedo hacer para satisfacer algunas de esas necesidades. Y aunque nadie puede solucionar el problema a escala global, quiero hacer más de lo que puedo ahora. Por esa razón, debo anhelar más recursos, favor y sabiduría. Pero debe ser el tipo de aumento que crezca a través de una mayordomía justa. Es mi responsabilidad informárselo a Dios en mis momentos privados de oración. El problema de la injusticia es a menudo la causa de la pobreza. "En el campo del pobre hay abundante comida, pero esta se pierde donde hay injusticia" (Proverbios 13:23). El dinero no soluciona el problema de la pobreza. Pero la pobreza tampoco se puede arreglar sin dinero. Solo aquellos que usan correctamente la autoridad que Dios les ha dado pueden resolver los problemas de la injusticia.

Algunas veces me abruman los profundos clamores de las personas quebrantadas. Sus necesidades emocionales son tan extremas que, sin querer, podrían agotar al creyente promedio más allá de la razón. Esos corazones rotos necesitan apoyarse en la fuerza de los demás hasta que vuelvan a levantarse.

Por supuesto, es Dios el que sana y restaura, pero para eso usa a las personas. En 3 Juan 2, encontramos que hay una *prosperidad de alma* a la disposición de todos nosotros. Estamos diseñados con el potencial de ser ricos por dentro. ¿Cómo sería si mi mundo interior, mi alma, fuera tan próspera como el hombre más rico del mundo natural? ¿Por qué deberíamos esperar menos de Dios para nuestra prosperidad interna que la condición financiera de los más ricos de los ricos? Dado que el Espíritu Santo es la fuente de una riqueza interna ilimitada del corazón y la mente, nuestro potencial es ilimitado. Y aunque ese potencial está en la vida de cada creyente, existe una gran diferencia entre lo que está en nuestra cuenta (en Cristo) y lo que está en nuestra posesión (nuestro estilo de vida diario).

Cuando Pedro ministró sanidad al hombre en la Puerta la Hermosa (Hechos 3:8), el relato registra que aquel cojo "caminó, saltó y alabó a Dios". Caminó porque fue sanado físicamente. Saltó porque estaba emocionalmente curado. Y alabó a Dios porque fue sanado espiritualmente. Pedro dio lo que tenía y fue suficiente para la restauración completa de ese hombre tan quebrantado.

He tenido muchas ocasiones en las que los demonios han abandonado los cuerpos de las personas cuando he orado por ellos. Es una alegría sin par ver tal libertad en el rostro de esos seres queridos. Pero también he tenido momentos en que personas muy atormentadas se fueron en las mismas condiciones en las que llegaron. Y aunque puedo pensar en una serie de razones válidas por las que la persona quedó en cautiverio, las respuestas no me satisfacen. No tenemos registro en los evangelios de que sucediera algo así con Jesús y él es nuestro mayor ejemplo. Hubo casos extremos de posesión demoníaca registrados en la Biblia, como el del hombre gadareno. Fue liberado en un momento. Fue el programa de un solo paso de Jesús: salir de las tinieblas a su luz admirable. Creo que si hubiera tenido una mayor unción en mi vida habría ayudado a muchos que no recibieron auxilio. Quizás es por eso que Pablo dijo que debíamos "ambicionar los dones espirituales" (1 Corintios 14:1). Debe haber un clamor en mí para que "más" de Dios reine en mi vida, ya que la necesidad que me rodea no disminuye; al contrario, aumenta drásticamente. Y también la compasión en mí por sus avances.

Aunque los ejemplos de nuestra creciente necesidad de los dones espirituales podrían llenar todo este libro, espero que entiendas el punto. Debemos anhelar el lugar secreto con Dios por lo mucho que él ha puesto a nuestra disposición para ser la bendición que Dios ideó que fuéramos, todo por el bien de los demás.

EL RESTO DE LA HISTORIA

Permíteme comenzar abordando lo que considero nuestro mayor desafío. Sin la cruz, no tenemos nada en esta vida siguiendo a Jesús. Negarnos a nosotros mismos por causa de Cristo es la única manera razonable de vivir. Sin embargo, la vida del creyente es la vida resucitada. La cruz debe llevarnos a algo y, ese algo, es el lugar del triunfo. La victoria sobre el pecado, el tormento, la enfermedad y cosas por el estilo son una manifestación fehaciente del poder de la resurrección de Cristo.

La reacción me da una conclusión; la respuesta me
conecta con un proceso. #nacisteparatrascender

Jesús no se quedó en la cruz ni tampoco en la tumba. Resucitó de entre los muertos para darnos nueva vida. ¿Cómo se ve esa vida cuando la bendición de su resurrección incide en nuestra salud, nuestras finanzas o nuestra posición en la sociedad? Para ser franco, es más fácil vivir en modo *reacción* ante cualquier error que me perturbe (ya sea la pobreza o la riqueza como signos de espiritualidad). Sin embargo, es mucho más desafiante vivir en modo *respuesta* a lo que el Padre dice y hace en esas áreas. La reacción me da una conclusión; la respuesta me conecta con un proceso. Y este proceso me lleva a algún lugar, que está más allá de todo lo que tenemos que pedir, con inteligencia o fe, por nosotros mismos. Aquí radica uno de los mayores misterios de la vida cristiana, lo puedes ver en 1 Juan 4:17: "Pues como él es, así somos nosotros en este mundo" (RVR1960). Esto fue escrito por el apóstol Juan, el que estuvo con Jesús antes de su muerte en la última cena, el que recostaba su cabeza sobre el pecho de Jesús. Este mismo Juan vio a Jesús, algún tiempo después, en su estado glorificado en el primer capítulo del libro de Apocalipsis. Fue ese Juan el que escribió: "Como él es..." Nuestra vida sigue el modelo de aquel que resucitó de los muertos, ascendió a la diestra del Padre y fue glorificado para siempre. Casi parece blasfemo decirlo, pero nuestro caminar con Cristo no sigue el modelo de su condición actual preglorificada. ¡Hecho firmemente establecido en el Cristo triunfante! Jesús nos enseñó las maneras de actuar en el reino en su vida terrenal. Su humildad, su audacia, su pasión y su amor son todos eternos. Son rasgos que nunca cambian, sea antes de la cruz o después de ella. Esto es lo que el Hijo de Dios siempre ha sido y siempre será. Esos rasgos siguen siendo vigentes, cualquiera que sea la temporada que estemos pasando. Pero su resurrección, su ascensión y su glorificación cambiarán mucho de lo que esperamos con nuestras vidas en el sentido de que vivimos en la victoria absoluta de Cristo.

La vida cristiana es un conflicto entre el tema de la bendición y el de la cruz. Probablemente no haya mayor área de desacuerdo en la iglesia que cuando se trata de dinero. Y aunque no tengo la intención de hablar de dinero en este libro ni en este capítulo, es un estándar natural de usar, ya que es el más fácil de medir. La mayoría de los creyentes pueden citar el mandato que Jesús le hizo al joven rico, que vendiera todo lo que tenía y se lo diera a los pobres. Jesús sabía lo que ocupaba el centro del corazón de ese joven. Para él era vital hacer el intercambio del Señor Mammón al Señor Jesús. Pero él no estaba dispuesto a eso. Por desdicha, pocos viven conscientes de la otra parte de esa instrucción vital. Una vez más, nos encontramos en medio de una vida conflictiva.

Aquí hay un gran pasaje sobre este tema de Marcos 10:23-25, 28-31:

Jesús miró alrededor y les comentó a sus discípulos: —¡Qué difícil es para los ricos entrar en el reino de Dios! Los discípulos se asombraron de sus palabras. —Hijos, ¡qué difícil es entrar en el reino de Dios! —repitió Jesús—. Le resulta más fácil a un camello pasar por el ojo de una aguja que a un rico entrar en el reino de Dios ... ¿Qué de nosotros, que lo hemos dejado todo y te hemos seguido? —comenzó a reclamarle Pedro. —Les aseguro —respondió Jesús— que todo el que por mi causa y la del evangelio haya dejado casa, hermanos, hermanas, madre, padre, hijos o terrenos *recibirá cien veces más* ahora en este tiempo (casas, hermanos, hermanas, madres, hijos y terrenos, aunque con persecuciones); y en la edad venidera, la vida eterna. Pero muchos de los primeros serán últimos, y los últimos, primeros.

En este capítulo, Jesús trata rápidamente con la amenaza de la riqueza en la vida del creyente. Cuando Pedro le recuerda a Jesús que dejaron todo para seguirlo, este los sorprende con su respuesta: "Recibirá cien veces más ahora en la época actual, casas y hermanos y hermanas y madres y niños y granjas, junto con persecuciones; y en el siglo venidero, vida eterna". Sabemos que Jesús no está hablando de que seamos bendecidos en la eternidad, ya que allí no hay persecución. Perdona mi descaro, pero parece que Jesús señala al dinero —riqueza o bendición— diciendo que eso *te matará*. Estoy seguro de que esto es una exageración, pero espero que entiendas mi punto. Es la cruz (dejar todo) lo que da acceso a la resurrección (un retorno al cien por cien de lo que dejaron).

La respuesta que Jesús le da a Pedro rara vez se cita y no tan a menudo como la primera mitad del diálogo. Estoy seguro de que la razón de ello es el hecho de que no queremos más cristianos egoístas que deseen seguir a Jesús en busca de beneficio personal. Pero tengo la convicción de que, si no aprendemos a administrar las bendiciones correctamente, nunca entraremos en el lugar que él quiso para nosotros con el fin de traer la verdadera reforma, el avivamiento y el renacimiento a nuestras naciones. Este es el resto de la historia. Todo esto tiene el propósito de cumplir con la comisión que Jesús nos asignó de discipular las naciones.

HABLA PABLO

Para mí no hay nadie que ilustre mejor lo que es seguir a Jesús que el apóstol Pablo. Su vida de rendición a Jesús es convincente e inspiradora al mismo tiempo. Sus conocimientos e instrucción para la iglesia son perfectos. Aquí habla a los ricos a través de 1 Timoteo 6:17-19:

A los ricos de este mundo, mándales que no sean arrogantes ni pongan su esperanza en las riquezas, que son tan inseguras, sino en Dios, que nos provee de todo en abundancia para que lo disfrutemos. Mándales que hagan el bien, que sean ricos en buenas obras, y generosos, dispuestos a compartir lo que tienen. De este modo atesorarán para sí un seguro caudal para el futuro y obtendrán la vida verdadera.

Analicemos algunos principios de este pasaje que podemos aplicar a cualquier manifestación de bendición, ya sea en salud, posición, legado u otro.

1. No dejes que las bendiciones te vuelvan vanidoso.
Esto implica que la riqueza de cualquier tipo puede hacer que las personas se sientan orgullosas e independientes, pensando que se ganaron o merecieron la bendición. Las bendiciones crean derechos sin humildad y gratitud. Uno de mis versículos favoritos es "Se alista al caballo para el día de la batalla, pero la victoria depende del Señor" (Proverbios 21:31). Me encanta este versículo porque revela cómo se fusionarán los reinos natural y sobrenatural. Por un lado, está nuestro esfuerzo, disciplina y entrenamiento. Pero aun por eso, Dios recibe todo el crédito por todo en lo que trabajamos tan arduamente. Él nos capacitó y nos dio fuerza, sabiduría y oportunidades. Sacarlo de la ecuación es la expresión más peligrosa de necedad, que sin duda conduce al orgullo destructivo. Debo hacer todo lo que pueda para asegurar la victoria, por así decirlo, pero a fin de cuentas, debo vivir entendiendo que la victoria solo vino por la gracia de Dios. Cualquier otra forma de pensar se convertirá en la mosca del ungüento por el que sufriré al final.

2. No fijes la esperanza en la incertidumbre de las riquezas.
A menudo le pregunto a la gente cuánto dinero es demasiado dinero. Mientras escribo esto, los gobiernos y las instituciones están tratando de resolver ese rompecabezas mediante impuestos altos y otras formas de correctivos. Pero creo que todo se reduce a esto: demasiado es cualquier cantidad que reemplaza la confianza. Para una persona, son $ 1,000 en el banco. Para

otros, son $ 100.000.000. No es la cantidad. De la misma forma la bendición afecta nuestra confianza relacional en Jesús. El dinero, o la bendición en general, no es lo suficientemente estable como para soportar el peso de la fe. Solo Jesús es perfectamente fiel y digno de una confianza inmaculada.

3. Dios nos provee ricamente de todas las cosas para nuestro disfrute.
Las bendiciones que recibimos son para deleite y gozo de Dios. Su suministro es abundante y debe conducirnos a la expresión legítima del placer en el reino. Es para disfrutarlo. Cuando el aumento hace que nos separemos de las necesidades humanas y nos independicemos de nuestro propósito divino, fallamos.

4. Haz el bien, sé rico en buenas obras, generoso y dispuesto a compartir.
Al final, las bendiciones del Señor, ya sean finanzas, gracia, posición o entendimiento, deben usarse para el beneficio de otros. Las buenas obras, la generosidad y un estilo de vida fraterno con otros creyentes deben ser el sello distintivo de la vida bendita. Las bendiciones nos posicionan para mejorar la vida de otra persona. La generosidad, ya sea mediante el financiamiento, el servicio o la concesión de oportunidades, produce gratitud en el corazón del receptor, lo que da gloria a Dios. Y esa es la meta de todas las cosas: que Dios sea glorificado.

HABLA EL ANTIGUO TESTAMENTO

Uno de los conflictos fundamentales que tenemos en toda la Escritura no es tanto entre la ley y la gracia, sino entre las promesas, las bendiciones y los estilos de vida del santo del Antiguo Testamento versus algunos de nosotros en el Nuevo Testamento. ¿Cómo se ven las bendiciones de Dios en el Antiguo y el Nuevo Testamento? Claramente, eran naturales antes de la cruz, y son principalmente espirituales y eternos una vez que uno ha nacido de nuevo. Pero, ¿se aplican todavía las bendiciones y las promesas naturales del Antiguo Testamento a los creyentes del nuevo pacto?

Eso nos ayudará si podemos aprender a reconocer lo que terminó en la cruz, lo que cambió en la cruz y lo que permaneció inalterable en ella. Creo que ignorar este tema nos costará caro, ya que Dios ha dejado tesoros preciosos para el creyente neotestamentario en toda la Biblia. Romanos 15:4 dice: "De hecho, todo lo que se escribió en el pasado *se escribió para enseñarnos*, a fin de que, alentados por las Escrituras, perseveremos en mantener nuestra esperanza". El Antiguo Testamento fue escrito para los creyentes del Nuevo Testamento tanto como lo fue para aquellos en el día en que se escribió. En este pasaje vemos que la esperanza es el fruto de abrazar toda la Escritura. Lo siguiente ilustra nuestro desafío.

1. **Lo que terminó en la cruz:** los sacrificios de animales terminaron en la cruz. Jesús murió de una vez por todas, poniendo fin a la necesidad de derramar sangre por el aplazamiento temporal del castigo del pecado.

2. **Lo que cambió en la cruz:** cuando Jesús anunció el año favorable del Señor, anunció que cada año sería el año del Jubileo. Bajo el antiguo pacto, el año del Jubileo ocurría cada cincuenta años. Era entonces cuando se cancelaban todas las deudas, se liberaba a los esclavos y se restablecían los límites de propiedad a las fronteras originales. A causa de la cruz, Jesús pudo anunciar que el Jubileo ya no es cada cincuenta años. Es ahora.

3. **Lo que permaneció inalterable en la cruz:** la adoración hoy es básicamente la misma que en los días de David. Este instituyó algo nuevo e inusual: instrumentos musicales, cantos, coros, danzas y otras expresiones físicas fueron entregadas como ofrendas a Él, la audiencia de Uno. Nuestro gran privilegio en la vida es ministrar a

Dios, lo que David exploró de maneras desconocidas antes. Todas estas fueron nuevas expresiones de acción de gracias, alabanza y adoración. El ejemplo de David se convirtió en la nueva norma. Amós 9:11-12 declaró que esta sería una realidad en los últimos días, tal como lo fue en los de David. Este cumplimiento fue reconocido por los apóstoles en Hechos 15:16-18.

Jesús enseña que no debemos hacer de las riquezas naturales nuestra meta. Pablo afirma este valor en la enseñanza y la práctica. Pero incluso Salomón, el hombre más rico de todos los tiempos, enseña lo mismo en Proverbios. Él dijo que no debemos cansarnos para obtener riquezas, porque se hacen alas y se van volando.

El Antiguo Testamento promete riqueza y bienestar, más específicamente, a los que obedecen a Dios. De hecho, la palabra hebrea *shalom,* por definición, contiene casi todo lo que necesitaremos en la vida. Significa mente sana, bienestar, salud, prosperidad y así sucesivamente. El punto es que esas bendiciones están entretejidas a lo largo del Antiguo Testamento como recompensa por obedecer a Dios.

Leo dos salmos en oración profética de intercesión sobre mi casa todos los días: el Salmo 127 y el Salmo 128. Los disfruto especialmente en la Nueva Traducción Viviente. Aquí está el Salmo 128:

¡Qué feliz es el que teme al Señor,
   todo el que sigue sus caminos!
Gozarás del fruto de tu trabajo;
   ¡qué feliz y próspero serás!
Tu esposa será como una vid fructífera,
   floreciente en el hogar.
Tus hijos serán como vigorosos retoños de olivo
   alrededor de tu mesa. Esa es la bendición del Señor
   para los que le temen.

Que el Señor te bendiga continuamente desde Sion;
que veas prosperar a Jerusalén durante toda tu vida.
Que vivas para disfrutar de tus nietos.
¡Que Israel tenga paz!

Este salmo declara prosperidad, felicidad y bienestar como recompensas por obedecer a Dios con humildad. Continúa diciendo que la persona bendecida experimentará salud multigeneracional en su familia y al fin influirá en una ciudad entera con esa bendición.

LA VALENTÍA DE DAVID A CAUSA DE LAS RECOMPENSAS

A menudo pensamos en David matando a Goliat como una demostración de su celo por Dios. Lo es, pero observa que también estaba motivado por un saludable deseo de recompensa.

Israel se alineó en orden de batalla, pero quería hacer cualquier cosa menos luchar. Un gigante del ejército filisteo llamado Goliat quería pelear contra alguien. Nadie, incluido el rey Saúl, tuvo el valor de enfrentarse a él. El padre de David, Isaí, lo envió al campo de batalla a llevarles comida a sus otros hijos. David se la llevó, pero se quedó con los soldados. Cuando escuchó la recompensa por matar a Goliat, sus intereses se animaron. Quienquiera que matara a ese gigante obtendría a la hermosa hija de Saúl como esposa, así como riquezas y una vida libre de impuestos para su familia.

Es una historia divertida, especialmente a la luz de lo que muchos creyentes consideran en cuanto a si se permitirán querer recompensas de Dios. Pero David le preguntó a alguien más sobre las recompensas por matar a Goliat, nuevamente. Y luego otra vez. Incluso sus hermanos se molestaron porque el joven estaba con aquellos hombres. Estoy seguro de que su cobardía estaba siendo expuesta por el valor de su hermano menor.

David se indignó justamente. Le contó a Saúl la historia de cómo había matado al león y al oso, por lo que creía que estaba listo para matar a ese simple hombre que se burlaba de los ejércitos del Dios viviente. Su justo celo por el Señor era real. Y también lo era su deseo de recibir recompensa. Lo que sigue es una de las historias más conocidas de las Escrituras. Las personas que nunca han leído la Biblia pueden contarla con gran detalle. Se ha convertido en un proverbio cultural de cómo el desvalido derrota a su enemigo. Lo usamos en los deportes, la política y el mundo empresarial. Pero comenzó con un joven que estaba celoso de Dios y al mismo tiempo anhelaba una promoción.

Para aquellos que piensan que no es espiritual buscar tanto promoción como recompensa, les recuerdo dos cosas:

1. Jesús soportó la cruz por el gozo puesto delante de él. (Ver Hebreos 12:2). El gozo fue la recompensa por su sufrimiento.
2. La fe cree que Él es y que Él es el que recompensa a los que lo buscan diligentemente. (Ver Hebreos 11:6).

La recompensa es una parte esencial de la fe auténtica. Sin ella, no entendemos a qué nos llamó Dios cuando nos instó a llevar una vida de fe. Jesús habló de las recompensas con bastante generosidad. No podemos pensar que es humildad ignorar lo que Jesús habló.

David provocó y mató a Goliat con una piedra. Y, como dicen, el resto es historia. No es saludable desviar la honra en los momentos en que se otorga. Cuando alguien te felicite, no digas: "No fui yo; fue Jesús". Si alguna vez me dices eso, probablemente responda: "¡Ah, entonces estuvo bien, aunque no tanto!". Esa es mi forma divertida de señalar que es mejor recibir el cumplido. Disfruta el momento de la honra y deja que esta te anime como estaba destinado a hacerlo. Luego, cuando estés solo, dale la honra a aquel que más se la merece. "Jesús, aquí estoy, esto que me dieron te pertenece. Gracias por el privilegio de colaborar contigo". Además, si no sabemos cómo recibir honra, no tendremos corona que arrojar a sus pies, concepto que se encuentra en Apocalipsis 4:10.

EL GOZO DEL PASTOR

Como pastor, enfatizo fuertemente las responsabilidades espirituales y cómo estas inciden en la eternidad. Considero que la eternidad es la piedra angular de la lógica y la razón de una persona con mentalidad de reino. Una vez que eliminamos la eternidad de la ecuación, descartamos el diseño, el propósito y el destino. Y una vez que esos asuntos están fuera de nuestra conciencia, ya no hay razón ni carga por el tema de la responsabilidad. Ahí es donde estamos ante Dios para dar cuenta de nuestras vidas. Por esa razón, hay una gran sabiduría que proviene de vivir al estar conscientes de la eternidad.

No me gusta el énfasis de muchos que usan la riqueza y la fama como vara de medir respecto de lo bien que le va a alguien en sus esfuerzos por seguir a Jesús. Y, sin embargo, no conozco a ningún pastor que no se regocije si uno de sus miembros se convierte en el alcalde de su ciudad, el director ejecutivo de una corporación importante o el atleta estelar que firma un gran contrato con un equipo deportivo profesional. No se trata de que ello aumente los diezmos o el apoyo financiero. De lo que se trata, realmente, es de la alegría al ver a las personas que amamos cumpliendo su propósito y su destino. Es lo que hacemos. Nos deleitamos con las promociones de otras personas. Pero, lamentablemente, rara vez tenemos el valor de enseñar esto como una posible forma en que Dios bendeciría o haría que una persona tuviera éxito. Espero poder hablar sobre este tema y equipar al creyente para que se convierta en todo lo que Dios quiso que fuera. Porque cualquiera que descubra para qué lo creó Dios, no querrá nunca ser otra persona que esa.

CAPÍTULO 2

IDENTIDAD Y PROMOCIÓN

L a promoción tiene que ver con la manera en que avanzamos en cuanto a posición, rango e influencia. Y aunque los títulos no siempre reflejen nuestra relevancia en el reino de Dios, pueden ser medidas a través de las cuales vemos nuestro papel en el mundo que nos rodea. Pero lo que debe mantenerse como principio del reino es que la única promoción que vale la pena perseguir es la que viene de Dios. Todas las demás promociones son, en última instancia, reveses en nuestro desarrollo y potencial personal. La autopromoción socava el proceso que Dios ha asignado para cada una de nuestras vidas. Lo que sea que *obtenga* a través de la autopromoción, tendré que *mantenerlo* a través de eso mismo: la autopromoción. Es como una pelota de playa con una fuga de aire. La única forma de mantenerla llena es seguir bombeando aire. Es mucho trabajo. Además, se aleja del propósito con que fue hecha la pelota de playa, lo que ilustra el plan y la promoción que Dios tiene para nosotros.

En vez de gastar tiempo y esfuerzo en lograr nuestro propósito en la vida, lo dedicamos a cosas que no dan fruto duradero. Pero llegará el día en que cada uno de nosotros estemos ante el Señor para dar cuenta de cómo gestionamos nuestras vidas. Ese día, el *fruto que queda* es lo único que importa.

> Lo que sea que obtenga a través de la autopromoción, tendré que mantenerlo a través de eso mismo: la autopromoción. #nacisteparatrascender

La promoción yace en el corazón de Dios para cada uno de nosotros. Él es el Padre perfecto que se deleita en nuestro crecimiento y madurez a medida que aprendemos a representarlo bien en todas las áreas de la vida. Hacemos eso cuando llegamos a ser como Jesús en carácter y luego administrando el aumento de las responsabilidades como ciudadanos de su reino. La mayordomía adecuada de los dones y las oportunidades en la vida nos abren las puertas para asumir roles más importantes como seguidores de Jesús.

TÍTULOS, DINERO Y PODER

Es probable que sea necesario decir, en este punto, que la promoción para el creyente no siempre se trata de título, dinero o poder. Aunque puede incluir cualquier cantidad de cosas externas, de lo que realmente se trata es de ser más como Jesús en nuestro mundo interior. Más específicamente, esto tiene que ver con nuestra vida de pensamiento, nuestra salud emocional y nuestra inclinación general hacia la voluntad de Dios. Representar (lee *re*presentar) a Jesús en la tierra es la meta. Desde ese lugar de victoria personal, podemos mostrar la realidad de su presencia y de su reino al mundo que nos rodea, lo que automáticamente trae un aumento de responsabilidades y un impacto potencial.

No hay duda de que su promoción a veces incluye título, posición, poder y recursos. Pero esas cosas generan metas terribles en nuestra travesía. *Buscar primero el reino de Dios* es el desafío que enfrentamos. Buscar primero el reino es básicamente perseguir la realidad del dominio del Rey para ser liberado de las situaciones rotas, enfermas e inferiores de la vida. La promesa que nos dio es que todas las demás cosas necesarias para cumplir con nuestro propósito se nos agregarían. Llegar a ser más como Jesús nos posiciona para ser efectivos en cuanto a traer un cambio duradero al mundo que nos rodea.

Nos convertimos en un peligro para nosotros mismos cuando transformamos nuestro enfoque u objetivo en las cosas que se supone deben ser añadiduras a nuestras vidas como el fruto de las prioridades que Dios nos dio. Cuando eso sucede, nuestra búsqueda del reino se convierte en una cortina de humo para nuestra verdadera ambición de beneficio personal. Nuestra posición trascendental es buscar la expresión completa del señorío de Jesús en situaciones de necesidad con las que nos encontramos a lo largo de nuestras vidas. Si elegimos buscar la recompensa en vez de su gobierno, interrumpimos nuestro desarrollo y restringimos nuestra capacidad de experimentar y manifestar la realidad de su reino a través de nuestras vidas rendidas.

"Buscar primero el reino" es el proceso; "todas estas cosas serán añadidas" es el resultado. *Nos* encantan los resultados. *Él* atesora el proceso o la travesía. Para crecer en este reino, debemos aprender a atesorar lo que él atesora y prestar atención a las cosas que han capturado su corazón. Cuando nos convertimos en personas con mentalidad de reino y verdaderamente hacemos de ello la prioridad de nuestras búsquedas en la vida, nos colocamos en la posición que él celebra más. Cuando mezclamos esas prioridades, él recorta nuestras recompensas a la medida que podamos administrar fielmente sin perder el deseo por su reino.

IDENTIDAD EQUIVOCADA

Es muy fácil forjar nuestra identidad con cosas inferiores. Posesiones, trabajos, educación y títulos son una pequeña parte de esa lista interminable. Pero quizás sea el afán la entrada sorpresa y la que probablemente esté en la parte superior de la lista para muchos. Eso puede hacer que uno se sienta importante. Pero nuestros afanes no deben definir ni la identidad ni la trascendencia.

El afán es algo artificial. Muchos creyentes participan en todas las actividades cristianas habidas y por haber, pensando que eso muestra su pasión por la voluntad de Dios en sus vidas. Como resultado, trágicamente no aprenden a reinar en la vida en medio del caos de los sistemas mundanos que nos rodean. Los afanes a menudo nos sacan de las interacciones necesarias con los incrédulos que nos mantienen al tanto de lo que hacemos bien y lo que no. El estar ocupados también tiende a aislarnos del razonamiento divino que nos permite desarrollar nuestro potencial en áreas que no son abiertamente espirituales.

Reinar en la vida no es imperar sobre las personas. Somos llamados a reinar en la vida en el sentido de gestionar los problemas de nuestras propias vidas bajo el liderazgo directo de Dios. (Ver Romanos 5:17). Por ejemplo, el dinero no me controla. Yo controlo al dinero de una manera que glorifique a Dios. Las relaciones no me controlan, sean buenas o malas. Manejo mis relaciones a la manera de Dios para que él reciba honra y para que pueda encontrar una comunidad saludable. Reinar en la vida como ciudadanos de su reino nos da una posición de favor que hace que nuestro servicio sea eficaz.

UN ESTILO DE VIDA SOSEGADO

Evitar el descanso viola nuestro diseño. Ni siquiera Dios evitó el descanso, trabajó siete días y descansó, sin embargo, en la actualidad muchos elogian a los trabajadores que se entregan sin descanso a su tarea. Incluso la iglesia elogia a los pastores dedicados que drenan sus vidas por el bien del rebaño, sin tomarse un día libre. Luego los exaltamos como héroes, en lugar de exponerlos por su necedad. A menudo hacemos lo mismo por el misionero que lo da todo por el bien del evangelio en el campo extranjero. Una persona sin descanso es una persona sin sabiduría. Trabajar en exceso luce bien para nuestra cultura orientada al logro, pero Dios no se impresiona con eso.

Muchos pastores pierden años de sus vidas al entregarse a una actividad que viola lo que Dios ideó cuando los hizo. La mayoría de las veces, eso es dedicarse a buscar relevancia o significación convirtiéndose en alguien necesario o indispensable para los demás. Lo mismo puede decirse de los empresarios, los educadores y otros por el estilo. Muchos empleados aplauden a los dueños de negocios que hacen todo; los accionistas que ven a los directores ejecutivos esforzarse por el éxito de la empresa se sienten satisfechos porque eso genera ganancias financieras rápidas. Pero todo eso va en contra de la supervivencia, que yace en la esencia de una vida de excelencia. Todo eso tiene su precio y nos costará a largo plazo.

Una persona sin descanso es una persona sin sabiduría. Trabajar en exceso luce bien para nuestra cultura orientada al logro, pero Dios no se impresiona con eso. #nacisteparatrascender

---

Me doy cuenta de que eso, a menudo, se hace con sinceridad. Pero beber veneno es dañino, aunque uno crea sinceramente que no lo es. Dios tiene una forma de vivir. Somos necios al ignorar eso.

La excelencia es la verdadera vida trascendente. Cualquiera puede efectuar un gran impacto durante una temporada. Lo vemos en los deportes, la política, el entretenimiento y el ministerio. Pero solo aquellos que se cuidan a sí mismos de una manera bíblica pueden dejar un impulso justo disfrutado por múltiples generaciones. La idea de vivir durante una generación que nunca veremos es lo que nos mantiene más sinceros en cuanto a nuestro enfoque de la vida.

LA PERCEPCIÓN DIVINA

El afán perturba la percepción que tenemos de las cosas que son más importantes para Dios. Jesús enseñó que nuestro ojo debe ser excelente —como una lámpara— y nuestra visión clara. (Ver Mateo 6:22 RVR1960). Cuando el enfoque de nuestro corazón es claro, todo lo demás en nosotros queda bajo la influencia de la luz de la presencia divina. Esta es la vida trascendente, la vida de favor creciente, tanto de Dios como del hombre. El favor es uno de los dones más preciosos que Dios da a las personas, tanto a creyentes como a no creyentes. Cada persona tiene una medida. Hechos 14:17 lo atestigua: "Sin embargo, no ha dejado de dar testimonio de sí mismo haciendo el bien, dándoles lluvias del cielo y estaciones fructíferas, proporcionándoles comida y alegría de corazón". Esta es una descripción muy hermosa de un Padre perfecto que atrae con amor a las personas a sí mismo a través de su bondad y su favor. Creo que este proceso sigue siendo el plan número 1 de Dios en cuanto a cómo edificar su familia, ya que sigue siendo su "bondad la que lleva a la gente al arrepentimiento" (Romanos 2:4).

JESÚS NECESITA FAVOR

Algunos conceptos bíblicos son más misteriosos para mí que otros y el siguiente es uno de los primeros de mi lista: Jesús, que era perfecto en todos los sentidos, necesitaba aumentar el favor de Dios y del hombre. (Ver Lucas 2:52). Entiendo por qué Jesús necesitaba crecer en el favor del hombre. Ese favor lo llevaría a la casa del fariseo a comer. Le permitiría llamar a unos hombres que remendaban las redes con las que pescaban y que ellos dejaran todo para seguirlo. Sin un mayor favor con la gente, su impacto no habría alcanzado la intención del Padre. Pero, ¿por qué aquel que es perfecto en todo sentido necesita aumentar el favor de Dios, su propio Padre?

Las bendiciones suman a nuestras vidas; si se usan mal, restan. #nacisteparatrascender

---

El nacimiento de Jesús fue celebrado por los ángeles, la creación, las personas y por el propio Padre Dios. Jesús era perfectamente santo y completamente Dios, al mismo tiempo que era completamente hombre. Él fue obediente en todos los sentidos, a tal punto que se entregó a su propia muerte. No tuvo imperfecciones en lo más mínimo ni deficiencias. Entonces, ¿por qué necesita Jesús aumentar el favor del Padre? No lo sé. Pero lo que sí sé es que, si Jesús lo necesitaba, yo realmente también lo necesito. ¡Y mucho más!

Cada uno de nosotros nació para trascender. Nacimos para ser promovidos, por lo que administrar bien el favor es esencial para el proceso de promoción. Dios tiene diseños más importantes para nosotros de los que naturalmente entrarían en nuestro corazón o nuestra mente. Su plan va más allá de todo lo que podríamos pedir o pensar. Pero hay algo interesante. Los favores mal utilizados van en contra del propósito para el que fueron otorgados. Las bendiciones suman a nuestras vidas; si se usan mal, restan.

En eso radica mi idea favorita sobre el uso adecuado del regalo llamado favor. La reina de Sabá profetizó sobre Salomón con las siguientes palabras: "¡Alabado sea el SEÑOR tu Dios, que se ha deleitado en ti y te ha puesto en el trono de Israel! En su eterno amor por Israel, el SEÑOR te ha hecho rey para que gobiernes con justicia y rectitud" (1 Reyes 10:9). Esta es una de las ideas más importantes sobre la promoción y el favor. Dios tuvo un favor inusual con Salomón y le dio uno de los mejores ascensos para la posición y la experiencia personal de cualquiera que haya vivido. La razón de ese nivel sin precedentes del favor de Dios fue que Dios amaba a Israel. ¡Eso es impresionante! Dios da favor a las personas debido a su amor por los que están bajo su influencia. La implicación de esta verdad es significativa: el favor que recibimos debemos usarlo para beneficiar a los que nos rodean o es un favor mal usado.

LOS REYES VALEN PARA DIOS

Vivimos en una época en la que las personas con medios o posición son objeto de mucha malicia, críticas y sospechas. Algunos, en parte, lo merecen. Pero solo una pequeña parte. No todo el mundo se eleva a los lugares más altos de la sociedad y la cultura a causa del pecado, la manipulación y el robo. Mucha gente ha comenzado con medios humildes, pero obedecieron a Dios y han alcanzado posiciones de gobierno, autoridad e influencia. Dios no los promovió para que fracasaran. Lo hizo porque les confió los recursos para liderar y servir bien.

Dios los promovió de acuerdo con la promesa de su Palabra. Por lo tanto merecen nuestro respeto y nuestra honra, aunque solo sea por haber sido creados a imagen de Dios. Es interesante notar que muchos de ellos ni siquiera sabían que estaban obedeciendo a Dios cuando tomaron decisiones audaces. Simplemente respondieron a la sabiduría que Dios había puesto en sus corazones para su promoción. El don vino con la posición.

Los "reyes de la tierra", las personas de extraordinaria influencia, son los más difíciles de influir. Y, sin embargo, Dios se preocupa por ellos tanto como por los más quebrantados entre nosotros. De hecho, muchos de los más ricos del mundo son los más pobres por dentro y ellos lo saben. Pero también saben que a un sinnúmero de personas les gustaría ser sus amigos porque quieren algo de ellos.

Ese desafío está muy bien asentado en Proverbios 19.

> Las riquezas traen muchos amigos;
>   mas el pobre es apartado de su amigo …
> Muchos buscan el favor del generoso,
>   y cada uno es amigo del hombre que da.
> Todos los hermanos del pobre le aborrecen;
>   ¡Cuánto más sus amigos se alejarán de él!
> Buscará la palabra, y no la hallará.
> —Proverbios 19:4, 6-7 RVR1960

Proverbios, el libro que nos entrena para reinar en la vida, aborda el tema de la realeza en maneras que ilustran la integridad. La frase que me llama la atención es la siguiente: "Delante de los reyes estará" (Proverbios 22:29). Ahí está, el deseo de Dios. Dios tiene un método para promover a la persona corriente a una posición de influencia con aquellos ajenos a nuestro círculo típico. Esto debería captar la atención de todos nosotros, ya que revela un propósito de la promoción: influencia más allá de la razón. A continuación, presentamos algunas ideas útiles para comprender nuestro propósito y proceso de promoción.

> La benevolencia del rey es para con el servidor entendido;
> mas su enojo contra el que lo avergüenza.
>
> —Proverbios 14:35 RVR1960

> Los labios justos son el contentamiento de los reyes,
> y éstos aman al que habla lo recto.
>
> —Proverbios 16:13 RVR1960

Los reyes de la tierra se sienten atraídos por personas que hablan cosas verdaderas, hermosas y de buen nombre (Filipenses 4:8). No confundas esto con adulación, que es una pobre falsificación de la realidad. Cuando sentimos la pasión de Dios por una persona, es importante hablarlo. Los labios justos son muy apreciados por todos, especialmente por los reyes.

Mi asociado principal, Kris Vallotton, ha mencionado en varias ocasiones cómo se ha sentido cada vez que se ha sentado al lado de un ateo cuando ha viajado en avión. Cada vez que les dice que Dios le ha dado una palabra para ellos, quieren escuchar. Siempre. En el corazón de la gente hay un deseo de escuchar lo que Dios está diciendo, aunque cinco minutos antes hayan negado que él existe. Eso los lleva a su destino.

Por eso no es de extrañar que los reyes se deleiten en las palabras de los justos. Esas palabras hacen que vuelvan sus corazones y sus mentes en dirección a los absolutos que rigen los gobiernos saludables. Se convierten en anclas en medio del tormentoso mar de la opinión pública.

¿Has visto hombre solícito en su trabajo?
Delante de los reyes estará;
No estará delante de los de baja condición.

—Proverbios 22:29 RVR1960

Este versículo me dice tres cosas importantes que debo entender. Primero, los reyes tienen apetito por la excelencia. Creo que es un gusto dado por Dios. Esto no significa que siempre lo utilicen correctamente. Pero está ahí y debe ser reconocido. Tal demanda de excelencia hace que la fuerza laboral cree cada vez mejores productos para que el rey los disfrute. Esto también ayuda a la economía en general, ya que aprendemos a vivir a un nivel más alto de excelencia.

En segundo lugar, me dice que la excelencia es clave para la promoción. Puesto que sabemos que la promoción viene del Señor, sabemos que es Dios el que valora nuestra excelencia y la usa para aumentar y acelerar la medida de nuestra influencia.

Lo tercero, sin embargo, es más fácil de pasar por alto: Dios nos da instrucciones sobre cómo influir en los reyes, puesto que su sueño es para nosotros. Está en su corazón que tengamos una influencia piadosa sobre los que están fuera de nuestra clase social. Los celos no lograrán eso. Tampoco la deshonra, la acusación ni la ira. Pero lo único que lo hará es la honra. Cuando usamos los dones que Dios nos ha dado para ser excelentes en todas las cosas, él levanta el velo para aumentar nuestro rango de influencia.

Considero que la excelencia es una de las tres principales expresiones de sabiduría que hay en la Biblia. Las otras dos son la creatividad y la integridad. Hablaremos en profundidad, al respecto, más adelante.

NADIE ES OLVIDADO

Nehemías es uno de los grandes héroes de la fe en las Escrituras. Su valentía, su nivel de vida sacrificada y su determinación de glorificar a Dios en todo son legendarios. Pero ya tenía influencia con los reyes. Era copero del rey Artajerjes, que era un puesto de gran confianza. Él debía resguardar al rey de ser envenenado. Nehemías vivía en el lujo, similar al rey. Lo más probable es que residiera en el palacio con muchos de sus propios sirvientes, además de tener otros beneficios procedentes de la riqueza. Sin embargo, su corazón estaba en Jerusalén, la que una vez fuera una gran ciudad y que en ese momento había sido destruida.

La verdadera promoción permite que la persona
vea el propósito que hay tras las inusuales
temporadas de favor. #nacisteparatrascender

Este gran hombre tenía un gran amor por su pueblo y su patria. Ayunó y oró, clamando a Dios por la restauración de esa maravillosa ciudad. Después de obtener la autorización de su rey, dirigió el proceso de reconstrucción con coraje, audacia, asombrosas habilidades organizativas y la determinación absoluta de que nada obstaculizaría su asignación. Su coraje y su visión impulsaron todo el proceso. Pero su generosidad también hizo posible ese esfuerzo.

"También desde el día que me mandó el rey que fuese gobernador de ellos en la tierra de Judá, desde el año veinte del rey Artajerjes hasta el año treinta y dos, doce años, ni yo ni mis hermanos comimos el pan del gobernador. Pero los primeros gobernadores que fueron antes de mí abrumaron al pueblo, y tomaron de ellos por el pan y por el vino más de cuarenta siclos de plata, y aun sus criados se enseñoreaban del pueblo; pero yo no hice así, a causa del temor de Dios.

También en la obra de este muro restauré mi parte, y no compramos heredad; y todos mis criados juntos estaban allí en la obra. Además, ciento cincuenta judíos y oficiales, y los que venían de las naciones que había alrededor de nosotros, estaban a mi mesa. Y lo que se preparaba para cada día era un buey y seis ovejas escogidas; también eran preparadas para mí aves, y cada diez días vino en toda abundancia; y con todo esto nunca requerí el pan del gobernador, porque la servidumbre de este pueblo era grave. Acuérdate de mí para bien, Dios mío, y de todo lo que hice por este pueblo".

—Nehemías 5:14-19 RVR1960

Nehemías era un hombre de grandes recursos, los cuales usaba para un propósito más elevado que sentarse en el palacio del rey y disfrutar del placer personal. No es que ese placer sea pecado. No lo es. Pero la verdadera promoción permite que la persona vea el propósito que hay tras las inusuales temporadas de favor. Es por el bien de los demás. Y aunque los reyes son importantes para Dios, también lo son los desamparados y los quebrantados. Nehemías usó lo que tenía para servir al destino de una nación, Israel. Su hermoso uso del favor puso al pueblo de Dios en un lugar maravilloso para ser restaurado a los propósitos de Dios como nación. El favor usado bien generalmente aumentará el favor de aquellos que han sido afectados. El favor y la promoción son contagiosos.

Insisto, el favor trae consigo mayores responsabilidades y, a menudo, un enfoque refinado para nuestro propósito en la vida. Y los que más se iban a beneficiar de la promoción de Nehemías eran los israelitas. Aquello fue una inspiración para la gente, ya que se decía que les dieron ganas de trabajar. Estoy seguro de que fue el hecho de que ese rico representante de la realeza participó en la faena y trabajó. Su ejemplo de servir bien inspiró un nivel de devoción que antes no se había escuchado, al menos en esa generación.

También se puede decir que un gran favor inspira una gran oposición. "Pero oyéndolo Sanbalat horonita y Tobías el siervo amonita, les disgustó en extremo que viniese alguno para procurar el bien de los hijos de Israel" (Nehemías 2:10 RVR1960). Con la promoción, a menudo, viene la misma oposición.

ENFOQUE REFINADO

Es asombroso cuánto podemos ver cuando refinamos nuestro enfoque. Quizás es por eso que el enemigo trabaja tan duro para mantenernos demasiado ocupados en compromisos y horarios excesivos. Eso dificulta nuestra percepción de la realidad. Pero hay claridad de corazón y mente a nuestra disposición cuando tenemos un enfoque refinado coherente con nuestro propósito.

Uno de los aspectos más emocionantes del favor es que automáticamente aumenta nuestras oportunidades de servir. Las puertas se abren de izquierda a derecha cuando hay un fuerte don de favor en la vida de alguien.

Una de las lecciones más difíciles de aprender en la vida es que el favor, a veces, abre puertas por las que no estamos destinados a caminar. Permíteme ilustrarlo de esta manera: digamos que tengo cinco oportunidades para hablar en la misma fecha debido al favor que disfruto. Obviamente, no puedo estar en más de un lugar a la vez, por lo que mi desafío es doble. ¿Se supone que debo viajar a ministrar en esa fecha? Si es así, ¿dónde? Creo que Dios tiene una voluntad para mí en este dilema. En otras palabras, él tiene una asignación específica para mí en mis viajes. Todo lo que quiero hacer es honrarlo, así que mi desafío es conocer su deseo y su voluntad respecto a esa puerta abierta.

Digamos que después de orar por un tiempo, siento que la invitación número dos es su voluntad para mi vida. ¿Significa eso que las otras cuatro oportunidades fueron distracciones enviadas por el diablo? No. No lo creo en absoluto. El favor abre puertas por las que no debo atravesar, pero debo recibir aliento de ellas como muestra del favor de Dios para mí. El hecho de que alguien quiera que asista y hable en algún lugar es un gran honor y debo tratar esas oportunidades como tales.

EL FAVOR TIENE UNA RAZÓN

Sería un énfasis incorrecto para mí decir que el único propósito del favor o las bendiciones es regalarlos a otros. Si trabajo fuerte para darles un buen regalo a mis hijos, no quiero que se lo obsequien a otra persona. En otras palabras, no les di *semilla* (con el fin de que se las den a otros para que las planten); les di *pan* (para consumo personal). A veces, entristecemos al Señor por nuestra incapacidad de recibir el regalo que nos ha dado para nuestro propio disfrute.

No se nos da favor para mejorar nuestra propia imagen. Es para que podamos representarlo bien y abordar los problemas de la vida que han traído muerte, pérdida y destrucción a la sociedad en su conjunto. #nacisteparatrascender

---

Dicho esto, la razón del favor y la bendición a menudo va más allá de nuestra propia vida. El favor debe beneficiar a las personas que están bajo nuestra influencia o, en caso contrario, existe una buena posibilidad de que se utilice indebidamente.

Encontramos uno de los mejores ejemplos de mayor favor en la historia de Elías y Eliseo. Aunque cubriré más sobre ellos adelante, es importante incluir un elemento en la historia ahora. No se nos da favor para mejorar nuestra propia imagen. Es para que podamos representarlo bien y abordar los problemas de la vida que han traído muerte, pérdida y destrucción a la sociedad en su conjunto. Debemos ocuparnos de esas cosas en el nombre de Jesús. Favor es la capacidad de usar bien su nombre y ver su voluntad hecha en la tierra como en el cielo.

CAPÍTULO 3

REINA EN VIDA

Nuestra travesía para descubrir la trascendencia que Dios nos ha dado ha revelado que toda promoción, favor y bendición tiene como fin que logremos el éxito en esta única tarea fundamental: reinar en vida. Este es un tema al que me he estado refiriendo y seguiré mencionando a lo largo de este libro. Pero en este capítulo, lo abordaré como un tema principal, brindando fragmentos breves sobre el tema.

Dios nos diseñó para reinar en vida. Piensa en ello, el planificador maestro, el diseñador de todo, escribió en nuestro ADN que debíamos reinar. Muchos reaccionan a ese tipo de afirmación porque parece decir que debemos buscar ser exaltados. La exaltación propia es una mala imitación de reinar en vida, que en última instancia es vivir de acuerdo con el plan, propósito y diseño de Dios. Él es exaltado cuando todo lo que hizo funciona de acuerdo con su voluntad, diseño y propósito. Y fuimos hechos para vivir en su gloria, ilustrando su semejanza en todo lo que hacemos.

Lo que entendemos acerca de la realeza es sesgado y es lo que hace que la idea de *reinar* suene ofensiva. Sin embargo, les recuerdo que Jesús es Rey, el Rey de todos los reyes, en realidad. La realeza no es un mal concepto; simplemente ha estado pobremente representado en la tierra. Tenemos la oportunidad de aclarar las cosas claras en la medida en que la iglesia es bendecida, dando todo en beneficio de los demás.

EL LIBRO

Mucho de lo que debemos aprender sobre este tema proviene de Proverbios, el libro conocido por su sabiduría. La palabra *proverbio* tiene como raíz el significado de gobernar o reinar. El propósito de la sabiduría es entrenarnos para reinar en vida y Brian Simmons —autor de la versión bíblica en inglés *The Passion Translation*— me dijo que comprender este concepto es clave para entender el libro de Proverbios. Concuerdo completamente con él. Esa única declaración me aclaró el propósito después de leer y estudiar ese libro por muchos años.

Piensa en ello, el planificador maestro, el diseñador de todo, escribió en nuestro ADN que debíamos reinar. #nacisteparatrascender

---

Y para que nadie piense que *reinar en vida* es solo un concepto del Antiguo Testamento, se repite en lo que a menudo se considera el último libro teológico de la Biblia, Romanos.

Pues, si por la transgresión de un solo hombre reinó la muerte, con mayor razón los que reciben en abundancia la gracia y el don de la justicia reinarán en vida por medio de un solo hombre, Jesucristo.

—ROMANOS 5:17 RVR1960

La versión bíblica *The Passion Translation* expresa Romanos 5:17 de la siguiente manera:

La muerte una vez nos tuvo en sus garras y, por el error de un hombre, rigió como rey sobre la humanidad. Pero ahora, ¡estamos sujetos a las garras de la gracia y continuamos reinando como reyes en vida, disfrutando de nuestra libertad real a través del don de la justicia perfecta en el único Jesús, el Mesías! (Traducción libre)

Es probable que el Salmo 75:6-7 de la Reina Valera 1960 sea el pasaje bíblico más conocido sobre el tema de la promoción, aunque la palabra que se usa como sinónimo es "enaltecimiento". Sin embargo, la mayoría de las versiones usan la palabra "exaltación" u otras similares.

> Porque ni de oriente ni de occidente,
> ni del desierto viene el enaltecimiento.
> Mas Dios es el juez;
> A éste humilla, y a aquél enaltece.
>
> —Salmos 75:6-7 RVR1960

El punto es que pensar en personas exaltadas es ofensivo para algunos que solo piensan que Dios es el único exaltado. Pero la promoción, enaltecimiento o exaltación tiene que ver con la soberanía de Dios y su justicia. Este pasaje lo presenta como el juez, que tiene total libertad para humillar a uno y exaltar a otro. Otra forma de decirlo es que la promoción es una expresión de la justicia de Dios. Negarlo en un esfuerzo de falsa humildad es negar su justicia.

Es vital que aceptemos sus promociones, así como sus aplazamientos. Él es Dios, y sus decisiones lo exaltan. Ceder a ello es sabiduría.

> Nunca se aparten de ti la misericordia y la verdad;
> átalas a tu cuello,
> escríbelas en la tabla de tu corazón;
> y hallarás *gracia y buena opinión*
> *ante los ojos de Dios y de los hombres.*
>
> —Proverbios 3:3-4 RVR1960

La misericordia y la verdad son una gran combinación de valores del reino. Me recuerda la amonestación del Nuevo Testamento: "En cambio, hablaremos la verdad con amor" (Efesios 4:15, NTV). La verdad sin amor puede ser despiadada. El amor sin verdad no cambia nada. Agrupar a los dos asegura que estemos funcionando por el bien de los demás, no solo por nuestra necesidad de desahogarnos cuando vemos lo que está mal.

En el caso de Proverbios 3:3-4, el compromiso con la misericordia, que es la bondad amorosa mostrada con paciencia a otro, sería aceptado fácilmente. Esto entonces está sazonado con las cualidades medicinales de la verdad para que las personas encuentren respuestas nuestras, no solo consuelo en sus problemas. Lo interesante del favor mencionado aquí es que es con Dios y con el hombre. Eso es exactamente lo que le pasó a Jesús. Creció en el favor de Dios y del hombre.

> *Sabiduría*, ante todo; adquiere sabiduría;
> y sobre todas tus posesiones adquiere inteligencia.
> Engrandécela, *y ella te engrandecerá;*
> *ella te honrará,* cuando tú la hayas abrazado.
> —PROVERBIOS 4:7-8 RVR1960

La verdad sin amor puede ser despiadada.
El amor sin verdad no cambia nada.
Agrupar a los dos asegura que estemos funcionando
por el bien de los demás. #nacisteparatrascender

La sabiduría es la base para la promoción en el reino. Dios busca la ocasión para promover y honrar a sus hijos. Él los ama a todos de manera incondicional, pero sería una tontería pensar que todos tenemos el mismo favor. En un sentido muy real, el favor en nuestras vidas está determinado por lo que hemos hecho con el amor que hemos recibido. E independientemente de la forma en que comenzamos, el favor aumenta a través del uso fiel.

Atended el consejo, y sed sabios,
 y no lo menospreciéis.
Porque el que me halle, hallará la vida,
 y *alcanzará el favor* de Jehová.
Mas el que peca contra mí, defrauda su alma;
 todos los que me aborrecen aman la muerte.
—Proverbios 8:33,35-36 RVR1960

Se dice que la sabiduría es más valiosa que el oro y la plata. Solo sé que *mi búsqueda de la sabiduría realmente cuesta algo.* Es más que una declaración inspiradora; es un valor que da forma a la vida. Y cuando la sabiduría se valora de la manera que Dios quiso, él extiende su cetro de favor sobre esa vida. La sabiduría atrae el favor divino, que es más valioso que todas las riquezas.

Por la bendición de los rectos la ciudad será engrandecida;
 mas por la boca de los impíos será trastornada.
—Proverbios 11:11 RVR1960

Cuando los que viven con rectitud son lo suficientemente bendecidos como para ser una bendición, la ciudad recibe su promoción. Dios todavía piensa en términos de ciudades y naciones. Y el bienestar de los que siguen a Jesús puede marcar una ciudad para la bendición y el propósito eterno. Por el contrario, las bocas de los malvados privarán a la ciudad de su potencial promoción debido al daño causado por las ideas, ambiciones y valores revelados en su discurso. En verdad, la vida y la muerte están en poder de la lengua. Los justos deben emitir decretos piadosos sobre nuestras ciudades para que puedan alcanzar el potencial que Dios les dio.

El alma *generosa* será *prosperada*;
y el que saciare, él también será saciado.
Al que acapara el grano, el pueblo lo maldecirá;
pero bendición será sobre la cabeza del *que lo vende.*

—Proverbios 11:25-26 RVR1960

Este versículo es uno de mis favoritos porque Salomón no hace lo que esperamos que haría. El tema es la generosidad, una virtud del reino muy valorada. Pero aunque honra a los generosos, esperamos que diga que el que cultiva el grano debe regalarlo. Y aunque hay un lugar para eso, Salomón declara que la bendición y el favor de Dios recae sobre el que lo vende a los ciudadanos de su comunidad. ¡Esto es asombroso! La generosidad se compara con trabajar duro en nuestra tarea en la vida, hacer un producto que beneficie a las personas que nos rodean y luego venderlo. Dios honra el uso de nuestras habilidades, dones y recursos para beneficiar a otros. Si yo cultivo una cosecha y tú la compras y tienes comida, Dios me llama generoso. Me he convertido en un colaborador de tu vida y, en un sentido más amplio, de la sociedad. Obtener ganancias en beneficio de mi familia no es malo. De hecho, este proceso es honrado por el Señor. Es lo que hace que las comunidades sean saludables.

El que procura el bien buscará favor;
mas al que busca el mal, este le vendrá.

—Proverbios 11:27 RVR1960

La búsqueda que hacemos en cuanto a pensamiento, ambición y planes determina la medida de favor que disfrutaremos en la vida. La palabra *bien* aquí significa agradable y encantador. Aquellos que dan prioridad a su papel de beneficiar a otros socialmente encontrarán favor a lo largo de sus vidas.

El que confía en sus riquezas caerá;
mas los justos reverdecerán como ramas.

—Proverbios 11:28 RVR1960

Es muy interesante que los que confían en las riquezas caigan, pero los que viven con rectitud prosperen. La implicación es que son justos debido a su confianza en Dios. Aunque *prosperar* no se limita al dinero, ciertamente lo incluye.

El bueno alcanzará favor de Jehová;
mas él condenará al hombre de malos pensamientos.

—Proverbios 12:2 RVR1960

Este es un verso muy hermoso porque trata de las partes más simples de la estructura y la personalidad del individuo. Aquí la palabra *bueno* significa agradable, amigable, afable y alegre. Si eres dueño de un restaurante y estás buscando contratar o promover a alguien, la persona que es amable y amistosa probablemente sea la de tu elección. Instintivamente sabemos la respuesta a eso. Pero este versículo dice que la promoción que tú, el propietario, le das a esa persona, el empleado, es en realidad del Señor. Dios es quien destacó y honró a la persona que eligió vivir de tal manera que fuera un beneficio social para quienes lo rodeaban. Personas como esa aportan una riqueza emocional a los demás.

El buen entendimiento da gracia;
mas el camino de los transgresores es duro.

—Proverbios 13:15 RVR1960

Es interesante que la comprensión, que siempre está de acuerdo con lo que Dios dice y piensa, atrae el favor. Vemos esto ilustrado en la historia del centurión en Mateo 8:8-13. Este soldado quería que su sirviente sanara. Cuando reveló lo que entendía en cuanto a cómo funcionaba la autoridad y su confianza en que Jesús podía realizar el milagro, el Señor se detuvo en seco. Comprender el Reino da paso a la fe. Como resultado, al centurión se le concedió el milagro que pidió. En verdad, la comprensión gana favor. Siempre que Dios ve que nos hemos dado a entender desde su perspectiva, la única auténtica, nos da su favor.

La benevolencia del rey es para con el servidor entendido;
mas su enojo contra el que lo avergüenza.

—Proverbios 14:35 RVR1960

Incluso los sirvientes pueden aumentar el favor de la humanidad, también la realeza; eso sí, si viven con sabiduría. La sabiduría es una de las formas más apropiadas para obtener favores y promoción. Aunque eso se mencionó en referencia a un sirviente, básicamente se entiende que ningún puesto es tan despreciable que la sabiduría no beneficie a alguien, ni tan extraño a las personas que pases inadvertido.

El que halla esposa halla el bien,
y alcanza la benevolencia de Jehová.

—Proverbios 18:22 RVR1960

No creo que esto signifique simplemente que, si te casas, obtienes favor. Cualquiera puede obtener un certificado de matrimonio y perderse por completo el favor otorgado con ese acto. Por implicación, creo que lo que está diciendo es que cualquiera que se une a otro para convertirse en uno, y al hacerlo muestra el pacto de Dios con la humanidad, el favor aumenta en la vida de esa persona.

El componente relacional de nuestras vidas es valioso para Dios. Aquí es donde mostramos quiénes somos realmente. Si no estamos conectados relacionalmente con otros, podemos vivir bajo la ilusión de que los frutos del Espíritu abundan. Además, nuestra relación con Dios se mide en nuestras relaciones con los demás.

> De más estima es el buen nombre que las muchas riquezas,
> y la buena fama más que la plata y el oro.
>
> —PROVERBIOS 22:1 RVR1960

Las personas a menudo eligen el beneficio personal, en lo que respecta al dinero o la posición, a expensas del favor. El favor, al igual que la sabiduría, es el premio. Elegir la riqueza, a expensas del favor, es de corta duración. Pero elegir el favor sobre la riqueza a menudo resulta en una riqueza mayor que si hubiera sido la prioridad. El encuentro a media noche de Salomón ilustra bastante bien esta idea. Él eligió, contrario al favor del momento, algo que benefició a los demás. Y terminó con todas las otras cosas que podría haber pedido.

> Mas los que lo reprendieren tendrán felicidad,
> y sobre ellos vendrá gran bendición.
>
> —PROVERBIOS 24:25 RVR1960

Este es uno de los lugares más sorprendentes para obtener favores y bendiciones. Es cuando reprendemos a los malvados. Guardar silencio cuando las cosas van terriblemente mal, en un contexto social, no está bien. Debemos hablar. Eso atrae el favor y las bendiciones de Dios.

Si no está de más corregir a alguien, no lo hagas... quédate callado, al menos hasta que puedas sentir la pasión de Dios por el otro. #nacisteparatrascender

---

Permítame hacer una pausa por un momento ya que, incluso mientras escribo esto, puedo ver a muchos que están agradecidos por tener el permiso bíblico para corregir a todos los que los rodean que necesitan ser arreglo. Un amigo mío me ayudó con esta idea hace más de cuarenta años. Me dijo que, si no está de más corregir a alguien, no lo hagas. Si hay placer o simplemente la posibilidad de desahogar todos tus sentimientos, quédate callado, al menos hasta que puedas sentir la pasión de Dios por el otro. Ese ha sido un estándar saludable para mí todos estos años.

> Cuando los justos dominan, el pueblo se alegra;
> mas cuando domina el impío, el pueblo gime.
> —PROVERBIOS 29:2 RVR1960

Los gobernantes malvados son crueles. Los líderes justos dan motivos para el gozo. El impío exige y humilla. El justo empodera y honra. Como se dijo anteriormente, las dos razones básicas para el gobierno de cualquier tipo son gobernar para proteger y servir para empoderar. Cuando se promueve a los justos, la gente está ansiosa por alguien que los celebre y los capacite en su destino. Esto es lo que los justos deben hacer bien.

> El temor del hombre pondrá lazo;
> mas el que confía en Jehová será exaltado.
> —PROVERBIOS 29:25 RVR1960

Nuestra capacidad de confiar en Dios se contrasta con el miedo al hombre. Y con razón. Dondequiera que tenga voz el temor del hombre, hay una débil confianza en Dios. Solo puedes temer a uno o al otro, a Dios o al hombre. Y al que le temes es al que confiarás instintivamente cuando llegue ese momento de prueba u oportunidad.

SACERDOCIO REAL

Somos llamados a la realeza. Pero es una realeza desde la perspectiva de Dios. Los sacerdotes son aquellos que ministran a

Dios y al hombre. Un sacerdocio real está formado por aquellos que utilizan su lugar de favor ante Dios para ayudar y asistir a las personas.

Cualquiera que piense que reinar en vida significa gobernar a las personas solo necesita imaginarse al Rey de todos los reyes lavando los pies de los discípulos. Aquí vemos al Altísimo haciendo la acción más baja. El punto es que debemos usar cualquier medio que Dios nos haya dado para beneficiar a otros. Todas las posiciones de gobierno deben aceptarse con humildad. El poder que tenemos es para servir a los demás. Pero hay ocasiones en las que también se requiere mucha firmeza. Aquí es cuando nuestra responsabilidad se traduce en brindar protección. Recuerdo una vez, cuando mi hijo Eric era pequeño, estaba afuera jugando en nuestro jardín. Un hombre extraño entró en nuestra propiedad, acompañado por un amigo en común. Por el comportamiento enloquecido del hombre, inmediatamente sentí que estaba bajo una fuerte influencia demoníaca. Mostró un comportamiento agresivo hacia Eric, lo que intercepté de inmediato. Obviamente, mi primera responsabilidad fue proteger a mi hijo. Me coloqué entre Eric y el hombre en caso de que algo saliera mal. No hubo timidez de mi parte. Tampoco había necesidad de lucir humilde. Mi papel de autoridad, en este caso, era proteger.

Debemos recordar que tenemos que separar nuestras posiciones de autoridad de la responsabilidad que Dios nos dio y asegurarnos de que no sea por una posición o título, sino para el beneficio de otros. Esto puede y debe hacerse con amabilidad siempre que sea posible, incluso hacia el hombre endemoniado. Y eso hice.

Servir con el corazón de rey implica automáticamente vastos recursos y nobles intenciones. Este es el gozo de servir en el reino de Dios. Lo hacemos con los recursos ilimitados del Rey de todos los reyes. Llevar esto a nuestra posición de servicio trae gran gozo y honra a aquellos a quienes se sirve. Nunca querrás que los demás sientan que tu acto de servicio es agotador. El corazón de un rey, el lugar de la rica identidad en Dios, nos ayudará a evitar ese error.

Cada asignación en la vida es una invitación a la excelencia, la creatividad y la integridad. Estos son los sellos distintivos de los logros del creyente; verdaderamente expresan la sabiduría de Dios. Las partes externas de la vida son solo un escaparate. Vivir sabiamente es reinar en vida.

CAPÍTULO 4

LA FUERZA DEL
ANHELO SANTO

El deseo es un componente poderoso que da forma al destino y la trascendencia de la vida en muchas maneras. El deseo en sí mismo no es ni bueno ni malo. Puede conducir a la devastación y al colapso de todo lo bueno en el mundo o llevar a importantes avances e innumerables soluciones para la condición humana. Puede ser tan simple como lo que queremos almorzar o tan complejo como el sueño de establecer una estación espacial en Marte. En el otro extremo del espectro, es el lugar de nacimiento de las influencias más destructivas de la tierra, con los pecados sociales más horribles como fruto. Es la fuerza impulsora detrás de todos los logros humanos, tanto buenos como malos.

La condición de nuestro corazón determina el impacto que tiene el deseo en nuestras vidas. El tener deseos que testifiquen de lo que Dios es y cómo hemos sido diseñados es el objetivo del Señor. Cuando nos creó con libre albedrío, lo hizo para ilustrar que es posible que aquellos hechos a la imagen de Dios lo adoren por elección propia. Nuestros deseos revelan a Dios o socavan el mensaje de su amor y su visión por la humanidad. Pero el deseo está aquí para quedarse, por lo que debemos usar esta fuerza para beneficio de Dios.

RELIGIÓN IMPÍA

La religión tiene un gran efecto sobre nuestros deseos. Para aclarar, suelo utilizar el término religión en un contexto negativo, aunque se puede utilizar de forma positiva. En este escenario, la religión es una forma sin poder; es rutina sin relación. En pocas palabras, es el asesino número uno de nuestra capacidad de soñar. Intencionalmente. El enemigo, que inspira este tipo de religión, quiere que nos conformemos con algo inferior. Es posible participar en una forma del evangelio que sea suficiente para aliviar nuestra conciencia. Al hacerlo, nos sentimos satisfechos con lo inferior; nos conformamos con la forma sin poder. Por ejemplo, la verdad de su Palabra es llevarnos a él. Pero muchos se satisfacen con la buena teología y no llegan al encuentro con aquel a quien apuntan las Escrituras.

La condición de nuestro corazón determina el impacto que tiene el deseo en nuestras vidas. Nuestros deseos revelan a Dios o socavan el mensaje de su amor y su visión por la humanidad. #nacisteparatrascender

---

Muchos creyentes no están dispuestos a dejar que los deseos se formen en sus corazones porque temen equivocarse. Pueden recitar bien los pasajes que hablan de abnegación. Continúan explicando que la ausencia de un sueño es producto de llevar su cruz. Desafortunadamente para todos nosotros, ellos tienen una cruz personal sin una resurrección particular.

El enemigo teme lo que sucedería si descubriéramos el poder de los deseos santificados. Su objetivo es mantenernos ciegos a la inexplicable invitación de Jesús a soñar. Cuatro veces en tres capítulos (Juan 14—16) Jesús invita a sus discípulos a pedir lo que quieran.

Comprende que Jesús no nos estaba invitando a desarrollar nuestra inclinación al egoísmo y luego darle un nombre espiritual. Pero tampoco nos estaba pidiendo que repitiéramos automáticamente oraciones preprogramadas. Nos estaba invitando al viaje relacional definitivo con deseos cumplidos como fruto de la relación. Piensa en ello, el fruto de nuestro caminar con Dios es la oración contestada que lo revela a las naciones. Eso es significativo a un nivel raramente pensado. Nacimos para ser como el árbol de la vida, eterno. Este árbol se encuentra en el comienzo en el jardín de Edén, en Génesis capítulos 2 y 3. También se encuentra en Proverbios, en el libro que nos entrena para reinar en la vida y luego en Apocalipsis. El árbol de la vida está en nuestro pasado, nuestro presente y nuestro futuro. Mi uso favorito de esta frase se encuentra en Proverbios.

> La esperanza que se demora es tormento del corazón;
> pero árbol de vida es el deseo cumplido.
>
> —Proverbios 13:12 RVR1960

El árbol de la vida, en un sentido muy real, nos conecta con nuestro propósito eterno. Después del pecado de Adán y Eva al comer del fruto prohibido, un ángel les impidió que comieran del árbol de la vida. Comúnmente se piensa que comer de ese árbol haría que su condición pecaminosa fuera eterna, sin una solución, por lo que el ángel los resguardó de hacer de la pecaminosidad su condición eterna. Y, sin embargo, la sabiduría nos abre el tema de una manera nueva, dejándonos ver que la intención divina es haber cumplido nuestros deseos. Y ese cumplimiento era como comer del árbol de la vida.

Por lo tanto, nuestro propósito eterno se encuentra en la asociación que debemos tener con Dios, donde nuestros deseos lo mueven a actuar en nuestro favor. La imagen es de un árbol que da frutos del que nos alimentamos. Y ese fruto es deseos cumplidos. Es interesante que el mismo principio se aborde en Juan 15:7-8:

Si permanecéis en mí, y mis palabras permanecen en vosotros, pedid *todo lo que queréis*, y os será hecho. En esto es glorificado mi Padre, en que *llevéis mucho fruto*, y seáis así mis discípulos.

Luego en Juan 15:16 afirma:

No me elegisteis vosotros a mí, sino que yo os elegí a vosotros, y os he puesto para que *vayáis y llevéis fruto*, y vuestro fruto permanezca; para que *todo lo que pidiereis* al Padre en mi nombre, *él os lo dé.*

Por supuesto, nuestros frutos deben verse en el carácter de Cristo establecido en nuestras vidas. Pero hay muchas personas agradables que logran poco por la eternidad en el nombre de Jesús. Nuestros frutos en la vida también deben medirse por nuestras respuestas a la oración. Tenemos que verlo de esta manera: no tratamos de convencer a Dios de nada con la oración. Debemos amar su voluntad y no dejarnos impresionar por la nuestra. Esta posición privilegiada es el punto en el que su corazón y su voluntad se convertirán en nuestros, y nuestra asociación se revela a través de la oración.

El enemigo teme lo que sucedería si descubriéramos el poder de los deseos santificados. #nacisteparatrascender

---

Si soy dueño de una casa, pero decido alquilarla a otra familia, sigue siendo completamente mía. Sin embargo, aunque soy dueño de ella, no puedo entrar cuando quiera, aunque tenga la llave de la puerta principal. Es ilegal que entre. Tengo que ser invitado a entrar en mi propia casa.

Es lo mismo aquí en la tierra. La tierra es del Señor, pero él nos plantó aquí como autoridad delegada. Él responde a las oraciones de su pueblo. En cierto sentido, le invitamos a que venga y haga lo que le plazca. John Wesley dijo: "Dios no hace nada excepto en respuesta a la oración de fe". No tengo derecho a decir lo que Dios puede y no puede hacer. Él es Dios. Solo él tiene ese derecho. Él es el que nos invitó a una relación en la que lo que deseamos en la tierra es lo que sucede en la tierra. A veces, él responde a nuestra oración y actúa en nuestro favor. Otras veces prefiere hacer algo a través de nosotros en lugar de hacerlo por nosotros.

AQUÍ NO HAY ERRORES

El temor a equivocarse en el tema de los deseos ha paralizado a muchos. Es cierto que los coches aparcados no reciben multas por exceso de velocidad. Pero el coche no estaba hecho para permanecer quieto. Fue diseñado para moverse. Lo mismo ocurre con los corazones y las mentes de hombres y mujeres de todo el mundo. Una señal de estar verdaderamente vivo es tener la capacidad y la libertad de soñar.

> No tienen en poco al ladrón si hurta.
> para saciar su apetito cuando tiene hambre;
> pero si es sorprendido, pagará siete veces;
> entregará todo el haber de su casa.
> —Proverbios 6:30-31 RVR1960

Este verso me fascina. No se desprecia a los ladrones si roban para satisfacer el hambre, la condición más básica de la humanidad. Robar todavía no está aprobado aquí, ni están libres de culpa por su crimen. Es solo que la gente entiende que la naturaleza de algunos deseos es correcta y algunos deseos incluso son nobles. Tal es el caso de un hombre hambriento. Aunque debe restaurar lo que se llevó, la sociedad comprende su deseo de comida.

Si bien la necesidad más básica de alimentos puede destacar a la mayoría, me gustaría sugerir que cuanto más libre se vuelve una persona en Cristo, más capaz es de desear las cosas correctas con un apetito similar al de un hombre hambriento. Descubrir lo que somos como hijos del Creador alinea nuestro pensamiento con la creatividad. En muchos casos, es apropiado sugerir que el deseo de alguien de crear o diseñar es similar al anhelo por las necesidades más básicas de la vida, como la alimentación. Hay pocas cosas tan gratificantes en la vida como cuando sentimos que Dios se ha deleitado en nuestros deseos. Entonces tiene lugar la asociación definitiva, a medida que descubrimos la manifestación más completa de ser colaboradores.

Porque vosotros, hermanos, a libertad fuisteis llamados; solamente que no uséis la libertad como ocasión para la carne, sino servíos por amor los unos a los otros.

—GÁLATAS 5:13 RVR1960

Incluso nuestras libertades deben beneficiar a quienes nos rodean. Usar nuestra libertad solo para nosotros es perder la razón por la que se nos dio. Por tanto, este versículo dice que Dios nos da la libertad. Pero debemos ser intencionales en la forma en que usemos este regalo. Debe beneficiar a otros o se utilizará incorrectamente.

No tratamos de convencer a Dios de nada con la oración. Debemos amar su voluntad y no dejarnos impresionar por la nuestra. Debemos amar su voluntad y no dejarnos impresionar por la nuestra. Esta posición privilegiada es el punto en el que su corazón y su voluntad se convertirán en nuestros, y nuestra asociación se revela a través de la oración. #nacisteparatrascender

---

Encuentro el autodescubrimiento bastante aburrido. Pero descubrirlo me ha abierto el corazón y la mente para ver con qué fin me hizo él. Y una vez más, cualquiera que descubra para qué lo creó Dios, nunca querrá ser otra persona.

HÉROES CULTURALES

Me encanta leer sobre algunos de los líderes innovadores a lo largo de la historia. Me parece que su necesidad de crear era tan fuerte como el hambre alimenticia de la mayoría de la gente. Me vienen a la mente Nikola Tesla, Winston Churchill y Steve Jobs. Era como si Dios los hubiera elegido para resolver una crisis, poner fin a una guerra o diseñar algo que hiciera avanzar a la sociedad a un ritmo impresionante. Decir que fueron poseídos por derecho tiene implicaciones negativas debido a las historias de personas endemoniadas en la Biblia. Y, sin embargo, parece en cierto modo una descripción adecuada, obviamente sin el diablo presente, cuando leemos que apenas podían dormir o comer hasta que su idea se realizaba por completo o su plan y su estrategia estaban en pleno funcionamiento.

La historia de George Frideric Handel sobre la escritura de la obra maestra musical *El Mesías* es un excelente ejemplo de este explosivo descubrimiento del propósito. Apenas comió o durmió durante los veinticuatro días en que estuvo escribiendo la que muchos consideran la mejor pieza musical jamás escrita. Quizás el mayor logro musical de todos los tiempos sucedió porque ardía el corazón de un hombre que no era conocido por su espiritualidad. Es como si hubiera sido elegido para esta tarea y luego nació en él. Estaba en él y tenía que salir.

El famoso *Coro Aleluya* fue su toque de coronación. Esto lo escribió con fervor divino, diciendo que "vio todo el cielo" delante de él. Terminó su trabajo con la inscripción Soli Deo Gloria, que significa "solo a Dios la gloria". Maravilloso. Me alegro de que la multitud religiosa no lo alcanzara primero y le cortara la capacidad de soñar. Todos seríamos más pobres por ello.

Fuimos diseñados para desear. Nacimos para crear. Fuimos hechos para perseguir y aprehender. Ignorar estas partes de la vida que Dios nos dio es negar nuestro diseño y, en cierta medida, la naturaleza que nuestro diseñador nos impartió. De la misma manera, el Espíritu Santo es conocido por traer libertad a la vida de la persona, por lo que la *rutina religiosa sin relación* trae consigo restricciones y confinamiento. La peor parte de esa ecuación es que las personas en esa esclavitud se deleitan en sacrificar sus deseos para demostrar que son verdaderos discípulos de Jesús. Necesitamos soñadores piadosos ahora más que nunca.

JESÚS, EL DISEÑADOR DEL DESEO

Me fascina que doce chicos que crecieron en el entorno más insignificante, con los trabajos más mundanos y los legados familiares más aburridos, despertaran su capacidad de soñar cuando empezaron a seguir a Jesús. Su devoción por ese sueño era tan intensa que a menudo pensaban que tendrían que morir para resguardarlo. Jesús tenía ese efecto en la gente.

Encuentro el autodescubrimiento bastante aburrido. Pero descubrirlo me ha abierto el corazón y la mente para ver con qué fin me hizo él. #nacisteparatrascender

---

Es cierto que deseaban ser mejores que los demás, querían derechos exclusivos sobre Jesús y querían hacer bajar el fuego y acabar con una ciudad entera. Todo eso se encuentra en Lucas 9. Pero podrás decir que estos son deseos incorrectos. Por supuesto que lo son. Sin embargo, mira la respuesta de Jesús. Nunca intentó matar su capacidad de soñar o su capacidad de desear. Sus deseos necesitaban refinamiento, redefinición y reorientación. Pero no mató su capacidad de soñar. Tampoco criticó su pasión personal por la grandeza. Simplemente la redefinió de acuerdo con la perspectiva del reino. La libertad restaura la capacidad de soñar.

Cuando discutieron sobre quién era el más grande entre ellos, Jesús señaló al siervo y lo llamó grande. En otra ocasión señaló a un niño y lo llamó grande. El punto es que él no reprendió su anhelo de significado. Él simplemente lo arregla en una forma que encaje muy bien en su reino.

DESEAR MÁS

La mayoría de nosotros naturalmente anhelamos una promoción, un ascenso. Ya sea en nuestra vida de oración, nuestros trabajos, nuestros ingresos, nuestros dones y nuestros ministerios o en cuanto al favor dado a nuestras familias, es natural tener hambre de más. Creo que es potencialmente uno de los deseos más desinteresados y cristianos que podemos tener. En todos los lugares del mundo a los que he viajado, la gente se conecta de esta manera. Ya sea que vivan en mansiones frente al mar, chozas de barro o vertederos de basura, todos tratan de mejorar sus vidas. Algunos de los más pobres incluso mostrarán su pasión por la mejora colgando un cuadro en la pared que encontraron tirado en el basurero. O hasta barriendo el suelo de tierra de sus viviendas. El deseo por la excelencia yace en todos nosotros en cierta medida. En un sentido muy real, todos nacemos para la relevancia.

Como creyentes, debemos defender la causa de los que nos rodean por la grandeza y la relevancia. Al hablarles la Palabra del Señor, podríamos ayudarlos a descubrir completamente para qué los creó Dios. Hemos descubierto que muchas personas se enternecen en cuanto al Señor una vez que ven que Él realmente se preocupa por lo que a ellos les interesa. He descubierto que si me interesa a mí, le interesa a Dios. Más personas necesitan saber esto acerca de él. La fructificación de nuestra vida debe revelar esta verdad.

¿Alguna vez has pronunciado grandes oraciones? Para mí, las grandes oraciones son para que toda nuestra ciudad sea salva, para que todas las personas por las que oro sean sanadas, para que el avivamiento cambie nuestro país y veamos naciones discipuladas durante mi vida. Por lo general, tales oraciones se hacen porque están en el corazón de Dios primero. Es lo profundo de Dios llamando a lo profundo de nosotros. Eso inspira los deseos que dan paso a tales oraciones.

Las respuestas a oraciones de esta naturaleza son, en cierto modo, las mayores expresiones de promoción personal. No son nuestros títulos ni nuestros logros; es nuestra relevancia, el impacto de nuestras vidas. Para mí, personalmente, mi sueño no es tener una gran iglesia. Al contrario, quiero levantar personas relevantes, personas que vivan de acuerdo a su importancia ante Dios.

He descubierto que si me interesa a mí, le
interesa a Dios. Más personas necesitan saber
esto acerca de él. #nacisteparatrascender

Las respuestas a las oraciones que liberan al Dios todopoderoso en los asuntos del hombre son el mayor ejemplo de relevancia y promoción. ¿Cómo puedes imaginarte algo más grande que ser colaborador de Dios? Él nos insta a ser trascendentes.

La exaltación no viene del oriente,
ni del occidente ni del sur,
sino que es Dios el que juzga:
a unos humilla y a otros exalta.
—SALMOS 75:6-7

La promoción viene de Dios. Punto. Ningún hombre es lo suficientemente grande como para interponerse en el camino de alguien que Dios quiere promover. Ceder a sus propósitos nos convierte en candidatos a participar en su proceso. También es cierto que humilla a los orgullosos. La humildad es, una vez más, el ingrediente que nos mantiene más seguros.

Esta es la conclusión: las respuestas a las oraciones revelan a Dios en la tierra. No puedo pensar en una mejor manera de lograr significado que ayudar a las personas a ver más plenamente quién es Jesús y descubrir el extraordinario amor de un Padre perfecto. Esto sucede cuando nuestras oraciones son respondidas.

LA TIERRA PROMETIDA

Nacimos para crecer, avanzar y alcanzar relevancia. El Antiguo Testamento nos proporciona una gran imagen de este proceso cuando Israel entró y tomó posesión de la tierra prometida. El equivalente del Nuevo Testamento es que el creyente entra en las realidades del reino aquí y ahora. Lo hacemos al abrazar las promesas de Dios, luchar por su cumplimiento, dejándolas revelar nuestro destino.

Los hijos de Israel habían sido esclavos durante mucho tiempo cuando Moisés llegó a liberarlos. Si alguna vez hubo un grupo de personas a las que les resultó difícil soñar, probablemente estaríamos de acuerdo en que serían los esclavos, especialmente cuando esos esclavos habían estado en esa condición por generaciones. Imagínate lo que sucedió cuando Dios les prometió una tierra donde no solo dejarían de ser esclavos, sino que serían los dueños de sus propios destinos. Serían los dueños de tierras bendecidas con abundantes cosechas y cada familia recibiría una maravillosa herencia. Al principio, debe haber sido difícil de creer. Pero pronto se despertó la capacidad de soñar y comenzaron a moverse hacia la concreción de ese sueño. Las promesas de Dios despiertan nuestro diseño. Cobramos vida esperanzados con la promesa, a fin de que él nos revele el bien.

Algunos eruditos han contado más de siete mil promesas en la Biblia. Cada una de ellas es una invitación a un viaje relacional en el que descubrimos la pasión de Dios por las personas y por el planeta tierra. Cuando Dios nos da una promesa, espera que la usemos como un arma para ayudar a realizar sus propósitos en y a través de nuestras vidas. Es cierto que él puede —y algunas veces lo hará— lograr el cumplimiento de una promesa sin que participemos nosotros.

Sin embargo, aprendemos poco acerca de nuestra autoridad y responsabilidad de esa manera. Dios diseñó las promesas proféticas de las Escrituras para que fueran nuestras armas, a través de las cuales ayudáramos a lograr nuestra entrada a su tierra prometida.

Esta es realmente la lección que el apóstol Pablo le da a su joven discípulo en 1 Timoteo 1:17. Le instruye a usar las profecías como armas. Esto implica que hay un conflicto entre el cumplimiento de la promesa y el punto en el que me encuentro en el momento. Tengo la responsabilidad de ayudar a lograr el cumplimiento mediante el uso apropiado de su promesa. Declarar lo que Dios ha dicho frente a la oposición es, a menudo, donde se produce el gran avance.

El ejemplo del Antiguo Testamento de la tierra prometida es una de las historias más comprensibles e inspiradoras de la Biblia. En él se encuentran los ejemplos de promesa, conflicto, proceso de purificación, vida comunitaria saludable, prosperidad y bienestar general. Eso se convirtió en el prototipo de lo que Dios tiene planeado para el creyente de hoy.

Cuando Dios nos da una promesa, espera que la usemos como un arma para ayudar a realizar sus propósitos en y a través de nuestras vidas. #nacisteparatrascender

---

Sin embargo, también tenemos un gran ejemplo de la voluntad de Dios, al estilo del Nuevo Testamento.

Exhorto, ante todo, a que se hagan rogativas, oraciones, peticiones y acciones de gracias, por todos los hombres; por los reyes y por todos los que están en eminencia, *para que vivamos quieta y reposadamente* en toda piedad y honestidad. Porque esto es bueno y agradable delante de Dios nuestro Salvador, *el cual quiere que todos los hombres sean salvos* y vengan al conocimiento de la verdad.

—1 Timoteo 2:1-4 RVR1960

Las instrucciones para orar que Dios nos dio son que preparemos el escenario para que las ciudades de paz rijan el día. El deseo de Dios es que llevemos vidas de paz. Él nos dio instrucciones en cuanto a la manera de lograr eso debido a su sueño de que la tierra se llene de este tipo de comunidades. Esta realidad no depende del regreso de Cristo. Depende de la obediencia de su pueblo. La versión bíblica The Passion Translation lo expresa de esta manera: "para que podamos vivir una vida tranquila y sin interrupciones, en tanto que adoramos al Dios que inspira asombro a los corazones puros". Creo que esta es una imagen de la *ciudad asentada sobre una colina* que atrae a la gente a la comunidad de los redimidos. Este ejemplo de reinar en vida es usado por Dios como una herramienta para llevar a las personas a la fe en Cristo.

ELIMINAR EL MIEDO AL FRACASO

Muchos temen que estas promesas se cumplan en nuestros días porque producen complacencia. No hay duda de que esta es una posibilidad. Pero si vivimos negándonos a considerar las posibilidades de las Escrituras debido a un posible fracaso, ya hemos fallado. Esos estilos de vida se basan en el miedo y no en la promesa. Nos volvemos como el hombre con un talento que temía perder el dinero de su amo, así que no hizo más que esconderlo para protegerlo. Esa es la posición más peligrosa que asumir. Cuando tememos al fracaso más que a la falta de éxito, nos convertimos en protectores de la doctrina más que en exploradores de la verdad.

Las posibilidades contenidas en las promesas de las Escrituras son nuestra oportunidad para mostrar e ilustrar el deseo y la naturaleza de Dios en cuanto a las naciones. El fracaso potencial no puede regir el día. La humildad, la responsabilidad y la voluntad de arriesgarlo todo por su gloria es la orden del momento. Esta historia, junto con muchas otras en las Escrituras, es para la salvación de las naciones.

Este es el propósito de nuestra trascendencia: convertirnos en todo lo que Dios ideó que fuéramos para servir con eficacia e ilustrar bien lo que Dios quería para todos los que fueron creados a la imagen de él. Está en juego la salvación de las naciones. Servimos para que todos sean tocados por Dios y reinamos para que todos prosperen y descubran el deseo de Dios de una vida abundante de libertad y realización creativa para todos. Por eso hemos sido elegidos, *para un momento como este*.

Cuando tememos al fracaso más que a la falta de éxito, nos convertimos en protectores de la doctrina más que en exploradores de la verdad. #nacisteparatrascender

---

Los planes para nosotros son tan grandiosos que, sin el proceso de Dios, no estaríamos preparados para lo que él quiere hacer. Aceptar el proceso y su propósito es la oportunidad que se brinda a todos en la siguiente sección.

SEGUNDA PARTE

EL PROCESO DE
LA PROMOCIÓN

CAPÍTULO 5

LOS CAMINOS DEL PROGRESO

Todo lo que Jesús enseñó y practicó hablaba de avance y progreso. Es su naturaleza, ir *de gloria en gloria*. Y es así como fuimos diseñados. Conocer esta verdad en lo profundo de nuestro corazón debería posicionarnos con bastante seguridad en nuestro propósito para que nunca violemos nuestro diseño y simplemente ocupemos un espacio.

Si bien creo firmemente en el regreso del Señor, también pienso que muchos se han vuelto irresponsables con sus responsabilidades debido a que anhelan ese acontecimiento. Lee esto con atención. ¡El regreso de Jesús será maravilloso! Pero es la esperanza de la iglesia, no la del mundo. La esperanza del mundo es el poder del evangelio. Y debe ser predicado, vivido y demostrado para que se convierta en la máxima invitación para que todos vengan y descubran esa gracia irresistible que conduce a la salvación.

LAS HERRAMIENTAS PARA AVANZAR

Nuestro progreso en el reino generalmente viene en dos maneras: recibiendo o percibiendo. Ambas son lecciones esenciales para aprender las formas de progresar o avanzar. El propósito cada proceso es de acuerdo con lo que Dios está construyendo en nosotros. Considera las siguientes Escrituras:

De cierto os digo, que el que no reciba el reino de Dios como un niño, no entrará en él.

—Marcos 10:15 RVR1960

Desde los días de Juan el Bautista hasta ahora, el reino de los cielos sufre violencia, y los violentos lo arrebatan.

—Mateo 11:12 RVR1960

Unidas, estas Escrituras abordan las dos formas principales en que crecemos y progresamos en los caminos del reino de Dios. Tales avances son promociones de todo tipo. Dios es el mayordomo supremo, que nos da en manera extravagante, pero lo hace de acuerdo con lo que podemos manejar con éxito.

¡El regreso de Jesús será maravilloso! Pero es la esperanza de la iglesia, no la del mundo. La esperanza del mundo es el poder del evangelio. #nacisteparatrascender

---

1. Recibir en reposo

El primer pasaje se refiere a cómo es *recibir* el reino. Curiosamente, solo podemos entrar según la medida en que hayamos recibido. Recibir es ceder. Así es como comenzamos en la fe. "Mas a todos los que le recibieron, a los que creen en su nombre, les dio potestad de ser hechos hijos de Dios" (Juan 1:12). Es notable que el hecho de recibir a Dios y la manera en que él reine sobre nosotros nos permita apropiarnos de todo lo que tiene que darnos. Esto implica cómo desarrollamos nuestra fe de maneras prácticas pero poderosas. Lo que recibimos determina cómo caminamos. Es vital reconocer el contexto en el que se reciben las cosas: *como un niño*. Él nunca quiere que el peso de lo que nos da como promoción rompa lo que ya ha construido dentro de nosotros a través de nuestro crecimiento.

Este método de aumento y promoción es significativo porque destaca lo que somos como hijos de Dios: herederos. La identidad como hijo o hija es el punto central de este proceso. Se trata de herencia. Aprender a recibir como niños tiene que ver con descansar en lo que él dice que somos y de quién somos. El énfasis no es en lo que podemos hacer para obtener lo que pedimos; esta parte del viaje tiene que ver con lo que Dios ha hecho por nosotros. La semejanza con los niños es muy valorada en el reino de Dios.

Beni y yo hemos sido padres temporales varias veces en nuestra vida matrimonial. La historia más trágica fue la de dos niños cuya madre y padre se suicidaron con aproximadamente un año de diferencia. Vivían en extrema tensión y abusos. Decir que fueron dañados por su entorno es minimizar la tragedia. Además de eso, cuando el gobierno tenía su custodia fueron separados de sus hermanos, cinco de ellos en total.

La primera noche que estuvieron con nosotros fue interesante. Nos sentamos alrededor de la mesa del comedor y comenzamos a pasarnos la comida. Agarraron todo lo que pudieron y lo resguardaban con sus brazos alrededor de los platos llenos de comida. Era fácil ver que no tenían certeza de cuándo volverían a comer. Les aseguramos que podrían tener todo lo que quisieran, que nadie tomaría su comida y que mañana habría más. Pronto se dieron cuenta de que habría suficiente y ya no tenían que luchar por algo que comer.

Esto ilustra un punto poderoso: los huérfanos responden de manera diferente a los problemas de la vida que los hijos y herederos en situaciones normales. Estos niños eran huérfanos de corazón mucho antes del suicidio de sus padres. El corazón huérfano no puede comprender ni descubrir el gozo de recibir lo que el Padre les da para su disfrute y su placer. La ansiedad en el corazón proviene de una identidad propia dañada. Siempre que hay una identidad incorrecta del yo, hay una comprensión incorrecta de Dios, ya que fuimos creados a su semejanza.

Recibir como un niño se trata de saber que somos hijos amados del Padre, con Jesús como nuestro hermano mayor, quien obtuvo una herencia para nosotros. Él hizo el trabajo. Nosotros recibimos el fruto de ese trabajo. Esa es la posición máxima de descanso, libre de toda ansiedad. La ansiedad es una completa pérdida de tiempo y energía.

2. Percepción en la guerra

Me propongo *no* vivir consciente del diablo, puesto que él no es digno de mi atención. Pero vivir ignorantes de la batalla a la que hemos sido llamados es vivir en la peor forma de negación. Nacimos en una guerra. Evitar esa realidad no es una opción para quien quiera crecer en Cristo.

> Desde los días de Juan el Bautista hasta ahora, el reino de los cielos sufre violencia, y los violentos lo arrebatan.
>
> —MATEO 11:12 RVR1960

Este segundo pasaje implica violencia. No contra la gente, por supuesto, ya que hemos aprendido que el enemigo de nuestras almas es espiritual, que vive en el reino invisible. "Porque no tenemos lucha contra sangre y carne" (Efesios 6:12). Cuando tomamos algo por la fuerza, estamos cumpliendo lo que nos mandó en cuanto a usar su autoridad para llevar a cabo su comisión.

Aprender a recibir como niños tiene que ver con descansar en lo que él dice que somos y de quién somos.
El énfasis no es en lo que podemos hacer para obtener lo que pedimos; esto se trata de lo que Dios ha hecho por nosotros.
#nacisteparatrascender

La primera herramienta para avanzar tiene que ver con nuestra identidad como hijos de Dios, de lo que es ser un soldado en su ejército. En lugar de la frase "soldado en su ejército", podríamos decir "ciudadano responsable de su reino". De cualquier manera, el enfoque está en nuestra autoridad, que debe usarse para obtener reinos en Dios y liberar a las personas. Entender las cosas del reino significa que estamos dispuestos y somos capaces de usar las promesas de Dios contra todas las fuerzas opuestas para que podamos entrar plenamente en todo lo que Dios quiere para nosotros.

Insisto, este es el equivalente en el Nuevo Testamento de la entrada de Israel a la tierra prometida en el Antiguo Testamento. Israel se enfrentó a naciones enemigas en el camino a su promesa cumplida. Eso les exigía que actuaran de acuerdo con la palabra que Dios les había dicho.

Dios solo nos lleva a un conflicto para el que nos ha equipado para ganar. Israel fue una vez redirigido alrededor de un enfrentamiento porque Dios sabía que no estaban listos para la batalla.

Y luego que Faraón dejó ir al pueblo, Dios no los llevó por el camino de la tierra de los filisteos, que estaba cerca; porque dijo Dios: Para que no se arrepienta el pueblo cuando vea la guerra, y se vuelva a Egipto. Mas hizo Dios que el pueblo rodease por el camino del desierto del Mar Rojo. Y subieron los hijos de Israel de Egipto armados.

—Éxodo 13:17-18

Dios nos entrena y nos equipa para la guerra; luego permite el conflicto. No es crueldad ni castigo para nosotros. Es parte de nuestro entrenamiento para la eternidad gobernar y reinar en Cristo. Además, esta es una expresión de la comisión original que se encuentra en Génesis 1:28: "Llenad la tierra". Parece que cuando el diablo fue arrojado del cielo, terminó en el planeta tierra, lo que explica cómo pudo la tierra estar bajo la influencia de los poderes de las tinieblas cuando Adán y Eva fueron puestos en el jardín. Se les dio autoridad como la autoridad delegada de Dios para expulsar esos poderes. Aunque fallaron en su asignación inicial, Jesús nos ha devuelto ese propósito, como se revela en la Gran Comisión. (Ver Mateo 28:19). Este proceso es poderoso mediante el uso apropiado de la Palabra de Dios. Su Palabra revela su deseo, su naturaleza y sus promesas. Estas son las herramientas que se utilizan en esta tarea triunfal. Esta hermosa historia de Dios alejando a Israel de la batalla muestra su sabiduría para guiarnos solo en los conflictos para los que estamos preparados.

EN BUSCA DE LA BATALLA

A menudo, realmente no sabemos qué tipo de promoción hay en nuestras vidas hasta que nos enfrentamos a un problema. A veces, estos se nos presentan como parte natural de la vida, pero en otras ocasiones tenemos que perseguirlos, como en el caso de Eliseo. Para los que no están familiarizados con la historia, Eliseo fue el sirviente de Elías, el gran profeta. Eliseo era guiado por su padre espiritual en lo profético. Cuando llegó el momento de que Elías murió, Eliseo pidió una doble porción de unción sobre su vida en comparación con la de Elías.

La Palabra de Dios revela su deseo, su naturaleza y sus promesas. Estas son las herramientas que se utilizan en esta tarea triunfal. #nacisteparatrascender

---

Te animo a leer esta hermosa historia, pero —para fines de este libro— quiero enfocarme en la parte en la que Elías llegó a un río con Eliseo a su lado. Luego golpeó las aguas con su manto y estas se separaron. *Manto* es otra palabra para capa. El manto de Elías era una prenda que descansaba sobre él, representando externamente el Espíritu de Dios descansando sobre la vida del profeta. Cuando Elías fue llevado al cielo en un torbellino, su manto cayó al suelo. Eliseo lo agarró, pero parece que no estaba seguro de lo que tenía en sus manos hasta que enfrentó un problema. Fue a la orilla del río, golpeó el agua con el manto y dijo: "¿Dónde está el Dios de Elías?". Y las aguas se separaron.

LA EVASIÓN DE LA BATALLA

Evitar la batalla para la que fuimos diseñados es un error que ninguno de nosotros puede permitirse. Eso le sucedió a uno de los hombres más grandes que jamás haya vivido, el rey David. Estaba descansando en su azotea en el momento en que los reyes solían batallar en la guerra con su ejército.

> Aconteció al año siguiente, en el tiempo que salen los reyes a la guerra, que David envió a Joab, y con él a sus siervos y a todo Israel, y destruyeron a los amonitas, y sitiaron a Rabá; pero David se quedó en Jerusalén. Y sucedió un día, al caer la tarde, que se levantó David de su lecho y se paseaba sobre el terrado de la casa real; y vio desde el terrado a una mujer que se estaba bañando, la cual era muy hermosa. Envió David a preguntar por aquella mujer, y le dijeron: Aquella es Betsabé hija de Eliam, mujer de Urías heteo. Y envió David mensajeros, y la tomó; y vino a él, y él durmió con ella. Luego ella se purificó de su inmundicia, y se volvió a su casa.
>
> —2 Samuel 11:1-4

Cuando nos negamos a entrar en la batalla para la que nacimos, nos exponemos a otras guerras para las que no tenemos gracia. David perdió su asignación para la batalla y cayó en pecado cuando enfrentó algo para lo que no estaba preparado. Esto no es para causar paranoia, sino para generar el debido temor del Señor con respecto a nuestra asignación de avanzar.

Tal promoción relevante no tiene que ver con nosotros. Tiene que ver con la representación completa de lo que es Jesús en la tierra. Eso sucede cuando llegamos a ser todo lo que él quiso que fuéramos. El lugar más seguro para el creyente es el frente de batalla. Recuerdo haber escuchado este concepto hace muchos años. Las preocupaciones del soldado en el frente son pocas. Debe mantener la cabeza baja, asegurarse de tener suficiente munición y saber dónde están sus compañeros soldados. Seguro que es simple. Pero al final de la batalla, es una historia diferente. Sus preocupaciones son qué hay para cenar, qué película se proyecta en la carpa del comedor esta noche y cuándo es su próxima salida. El punto es que la simplicidad de las líneas del frente de batalla es lo que las convierte en el lugar más seguro. Cuando nuestras vidas se llenan de demasiadas opciones, nuestras prioridades tienden a volverse inestables. En primera línea, estamos insatisfechos con cualquier puesto que no conduzca al progreso.

EL AVANCE DEL REINO

Para el creyente, el lugar más peligroso es el mismo en el que se pasa el tiempo ocupado. Puede parecer extraño, pero el simple hecho de ocupar una posición que Dios nos ha dado, algunas veces hace que nos estanquemos y no avancemos. La ocupación puede parecer acertada, hasta casi noble por salvaguardar lo que el Señor nos ha dado, sin embargo genera estancamiento y *denominacionalismo*, lo cual implica la formulación de regulaciones y reglas para preservar los logros anteriores.

Los monumentos construidos a partir de movimientos pasados no son claros. No se adaptan al aliento de Dios que apunta a su propósito progresivo. Son un testimonio de lo que sucedió en el pasado, pero no se mueven con Dios. Y cuando no nos movemos con Dios, tendemos a perder lo que ganamos en el pasado. Ocupar territorio que Dios nos dio, simplemente con el propósito de resguardar lo que sucedió en el pasado, nos prepara para el fracaso. Jesús les contó a sus discípulos una parábola sobre un hombre que recibió un talento, lo enterró y descubrió cuán peligrosa era esa posición que se le dio: terminas perdiendo lo que tienes.

Debo decir que no me opongo en absoluto a las denominaciones. Mi conflicto es con el *denominacionalismo*. Muchos ajenos a una denominación están más atados por una estructura malsana que aquellos que conozco que son libres dentro de una estructura religiosa. No se trata del título que cuelgues sobre la puerta; es la estructura que restringe tu deseo de vivir y mostrar quién es Jesús en este mundo moribundo. Es una mentalidad de la que debemos liberarnos, independientemente de las organizaciones a las que hemos sido llamados a servir. Es fundamental recordar que la característica de la ciudadanía en este maravilloso reino es la libertad. (Ver 2 Corintios 3:17).

Cuando nos negamos a entrar en la batalla para la que nacimos, nos exponemos a otras guerras para las que no tenemos gracia. #nacisteparatrascender

---

Mi pasión en todo esto es descubrir cómo administrar eficazmente todo lo que Dios nos ha dado. Quiero transmitir cualquier gracia en la que estoy encaminando a mis hijos e hijas espirituales para que puedan llevarla a otro nivel. Todo tiene que extenderse. Este es un momento en el que el crecimiento acelerado debe estar en tu mente. No es un intento de omitir pasos, sino más bien un clamor a Dios: "Dame la gracia de aprender, adaptarme, cambiar más rápido de lo que pude en el pasado".

No se trata del deseo de ser una superestrella. Quiero que mi nombre sea conocido en los cielos; quiero que los poderes de las tinieblas lo sepan. Eso es todo. Quiero que la fidelidad del Señor se vea en el pueblo de Dios a tal punto que las tinieblas tiemblen ante la mención de nuestros nombres y el cielo se regocije porque los que nos han precedido saben que el precio que pagaron bien valió la pena, ya que nos preparó para el éxito. Quiero terminar bien. Quiero que todo a lo que dedico mi vida termine bien. La longevidad no es solo una lección que aprendemos de los grandes gobernantes de los imperios. También hubo reyes que comenzaron siendo destructivos y crueles, tal vez por su entorno o cómo fueron criados. Pero, más tarde en la vida, se arrepintieron y la última etapa de su carrera terminó bien. Hay esperanza para cada persona viva, porque el propósito de Dios no desaparece. Todos estamos en esta batalla; todos estamos aprendiendo a administrar y aumentar lo que Dios nos ha dado.

Los monumentos construidos a partir de movimientos pasados no son claros. No se adaptan al aliento de Dios que apunta a su propósito progresivo. #nacisteparatrascender

---

Anhelo ver al cuerpo de Cristo entrar en una temporada de crecimiento y madurez acelerados, y luego transmitir eso de una manera que la próxima generación tome lo que les hemos dado y avance aún más. Quiero que ese patrón se transmita a través de varias generaciones, con un avance exponencial e interminable. David y Salomón experimentaron eso. Salomón es uno de los pocos individuos, quizás en toda la historia, que pudo tomar algo que ya era glorioso y llevarlo a un nivel al que nunca había llegado. Creo que Salomón tiene una lección profética para nosotros hoy.

Tenemos que ajustarnos y aprender a recibir lo que nos transmitieron para que podamos posicionarnos y llevarlo a otro nivel. Puedo ver que, más tarde en la vida, Salomón tropezó; pero comenzó con una convicción absoluta a abrazar la sabiduría de Dios como el enfoque principal de su vida. Así que vamos a empezar con eso.

CONVERTIR LOS MUROS
EN OBSTÁCULOS

Siempre que ha habido un mover de Dios, el enemigo ha tratado de levantar un muro. Sin embargo, cada vez que la iglesia se ha aferrado a su tenacidad en la fe, ese muro se ha convertido en un obstáculo. Pero, una vez superado ese obstáculo, ha ocurrido algo poderoso. Una y otra vez, a lo largo del libro de los Hechos, la iglesia cruzó un obstáculo y de repente tuvo un enfoque poderosamente refinado.

Es sorprendente lo mucho que puedes ver si restringes el lugar al que miras. A lo largo de Hechos hubo obstáculos (ver capítulos 2, 4, 5 y 6), y la iglesia refinó su enfoque en todos los niveles. Cada vez que una pared se convertía en un obstáculo cuando pasaban sobre ella, su enfoque se refinaba inmediatamente, lo que resultaba en una mayor audacia. Lo mismo es cierto hoy. Cada vez que el pueblo de Dios refina su enfoque y camina con mayor denuedo, el cielo parece decir: "¡Amén!". Y los milagros se desarrollan cada vez más, revelando un nuevo nivel de poder nunca visto.

En otras palabras, refinar nuestro enfoque nos lleva a más, y siempre hay más. No importa lo lejos que lleguemos en referencia a la presencia y el poder de Dios, siempre hay más. Dondequiera que estemos en la actualidad eso es simplemente un paso a alcanzar más. Fuiste configurado y capacitado; has probado su reino, por lo que no puedes vivir otro día sin tener la posibilidad de obtener más. Ese es todo el punto.

Cuando la iglesia de Hechos refinaba su enfoque, convertía el muro en un obstáculo y experimentaba un incremento de audacia que generaba una demostración de poder extraordinaria, *esto siempre llevaba a nuevas medidas de fructificación.* En Hechos 2, se dice que el Señor añadía a la iglesia cada día. Cinco a diez años después de Pentecostés, después de que su fidelidad los encontró presionando una vez más hacia nuevos niveles de Dios, finalmente irrumpieron en un ámbito llamado multiplicación. "Entonces las iglesias tenían paz por toda Judea, Galilea y Samaria; y eran edificadas, andando en el temor del Señor, y se acrecentaban fortalecidas por el Espíritu Santo" (Hechos 9:31 RVR1960). Y se les añadieron nuevos creyentes.

Nunca nos dormimos en nuestro camino hacia mayores demostraciones de poder. Tiene que haber audacia en algún punto de la línea. Eso no significa que tengamos que gritar en las esquinas. Pero sí que vemos al diablo a los ojos y declaramos la Palabra del Señor. Debemos declarar con valentía lo que Dios dice, reclamando la Palabra del Señor para completar la asignación que Dios nos ha dado.

EL REINO EN CRECIMIENTO CONSTANTE

Hay muchas cosas con las cuales tenemos que vivir de modo consciente mientras vivimos intencionadamente en este reino en constante avance. Este es el aumento continuo del avivamiento: el enfoque de nuestras vidas. "Se extenderán su soberanía y su paz, y no tendrán fin" (Isaías 9:7). No habrá fin para su reino en constante avance. Sería una buena práctica que manejaras por tu ciudad y pensaras en los sistemas del mundo que están a punto de pertenecer al Rey Jesús. Hay un individuo en particular en Redding, California, que ha construido un imperio económico y, cuando paso por su casa, le digo: "Hay un reino que está a punto de pertenecer a Jesús. Hay un reino".

No tenemos que dejarnos intimidar por el pecado nunca. Si ves una historia oscura en las noticias o ves algo que sucede en tu ciudad que va en contra de las enseñanzas de Dios, acabas de ver un reino que está a punto de pertenecer a Jesús. Niégate a dejarte intimidar por las estrategias de los poderes de las tinieblas o la medida del éxito pasado, todo es temporal. El mismo Satanás ha sido separado de la fuente de vida; es una rama que ha sido cortada y se está marchitando mientras hablamos.

Nunca nos dormimos en nuestro camino hacia mayores demostraciones de poder. Tiene que haber audacia en algún punto de la línea. #nacisteparatrascender

---

Hechos 2:42 dice: "Y perseveraban en la doctrina de los apóstoles, en la comunión unos con otros, en el partimiento del pan y en las oraciones" (RVR1960). Lo más probable es que esto fue dos o tres años después del día de Pentecostés. El registro bíblico que dice: "Y perseveraban", es similar a la forma en que una pareja casada reafirma sus votos a diario por la manera en que se hablan y se tratan entre sí. Es la renovación diaria del compromiso inicial con esa persona.

La iglesia primitiva aprendió esa lección muy rápidamente. El día de Pentecostés fue extraordinario. Tenía la semilla para cambiar toda la historia del mundo, pero esa tenía que ser atendida como todas las semillas. Si recibían el momento transformador de la vida como un regalo de Dios, si lo desyerbaban y regaban en forma adecuada, esa semilla provocaría un cambio que literalmente estremecería el curso de la historia, afectando el rumbo de cada nación del mundo. Pero, aunque era tan gloriosa y pura como la semilla que era, sin la debida atención, incluso ella moriría.

Porque si la palabra dicha por medio de los ángeles fue firme, y toda transgresión y desobediencia recibió justa retribución, ¿cómo escaparemos nosotros, si descuidamos una salvación tan grande? La cual, habiendo sido anunciada primeramente por el Señor, nos fue confirmada por los que oyeron, testificando Dios juntamente con ellos, con señales y prodigios y diversos milagros y repartimientos del Espíritu Santo según su voluntad.

—Hebreos 2:2-4

He estado reflexionando sobre estos versículos hace un tiempo. Es un pasaje aleccionador porque, en esencia, dice que no podemos simplemente recibir revelación de Dios y aprovechar sus beneficios por el resto de nuestras vidas. Tenemos que guardar y proteger lo que hemos escuchado de él.

Cuando recibimos una palabra, lo hacemos sabiendo que nunca volveremos a ser los mismos. Pero debemos reforzar ese momento desyerbando y regando ese jardín, dándole la oportunidad para crecer. Desmalezamos el jardín al no permitir ideas contrarias a la mente de Cristo en nuestro pensamiento. Lo hacemos al tomar cautivos los pensamientos hasta que esos mismos pensamientos reflejen la mente de Cristo. (Ver 2 Corintios 10:5). Regamos el jardín viviendo en adoración, continuamente conscientes de su presencia.

No puedo hacer crecer esa semilla, pero puedo interferir en su desarrollo. Les puedo decir que, a través de los años del derramamiento del Espíritu Santo en Redding, California, he escuchado a muchas personas compartir su testimonio. Fueron conmovidos radicalmente por Dios y han declarado: "Nunca volveré a ser el mismo". Pero muchos de ellos se olvidaron de arrancar sus propias malas hierbas y mantenerse hidratados en el río de Dios. Su testimonio es la evidencia inicial de la calidad de la semilla. Tiene el potencial ilimitado de llevarnos a un lugar de destino, afectando a las naciones. Pero, si no se atiende, por más grande que sea esa semilla, fallará.

Esta es la esencia y el alma del crecimiento
generacional en el libro de los Hechos:
llevaron las cosas a lugares que nunca creyeron posibles
porque "perseveraban en la doctrina de los apóstoles".
#nacisteparatrascender

Todos estamos en el mismo barco. Tenemos un gran deseo y una visión enorme. Nuestra hambre por más de Dios y todo lo que hemos hecho para perseguirlo es como el semillero de nuestro destino. Dios nunca nos prepara para fallar. No nos deja mal equipados para la batalla. Pero a veces se queda callado. Aquí es donde tenemos que reflexionar en lo pasado para descubrir lo que Dios ha estado depositando dentro de nosotros durante el último año y recordar que no fuimos abandonados. Esta es la esencia y el alma del crecimiento generacional en el libro de los Hechos: llevaron las cosas a lugares que nunca creyeron posibles porque "perseveraban en la doctrina de los apóstoles". Continuamente se dedicaron a guardar y defender la revelación que habían recibido en Pentecostés.

JESÚS RECIBIDO Y APREHENDIDO

Estas dos formas completamente diferentes de progresar en el reino —recibir o aprehender—, enfatizan la identidad y la autoridad, así como el descanso y la guerra. Jesús ilustró estas verdades cuando anunció: "Toda autoridad me ha sido dada..." (Mateo 28:18). El amado Hijo de Dios fue honrado por su Padre, que le dio todas las cosas, incluida toda autoridad. (Ver Juan 13:3 y Juan 16:15).

Cuando Jesús ascendió al Padre, llevó cautivos consigo. Estos fueron los justos que murieron antes de que su sangre fuera derramada para expiar sus pecados. Después de su muerte, descendió al Seol, donde se mantenía a los muertos, y los tomó cautivos. Los justos estaban en un lugar de consuelo, también llamado seno de Abraham, en Lucas 16:22.

Pablo describe su ascensión y su descenso en su carta a la iglesia en Éfeso.

Por lo cual dice: Subiendo a lo alto, llevó cautiva la cautividad, y dio dones a los hombres. Y eso de que subió,

¿qué es, sino que también había descendido primero a las partes más bajas de la tierra? El que descendió, es el mismo que también subió por encima de todos los cielos para llenarlo todo.

—Efesios 4:8-10 RVR1960

Lo que Jesús recibió le permitió llevar cautivos (aprehender) a los que ya estaban cautivos del pecado y la muerte. Ahora estaban cautivos de su libertad. Jesús se los presentó al Padre como recompensa inicial de su sufrimiento.

La imagen de estos dos métodos de progreso que utiliza Jesús es maravillosamente inspiradora. Recibió todo del Padre como Hijo y luego usó lo que recibió para sacar a la gente de las garras del pecado y sus consecuencias.

Gran parte de lo que necesitas en la vida te será entregado. Pero la mayor parte de lo que quieres, tendrás que ir a buscarlo. Este es el maravilloso viaje relacional que tenemos con nuestro Padre celestial. Usar sus principios al máximo para entrar en la plenitud de nuestro significado. El mundo que nos rodea está llorando por aquello para lo que nacimos tú y yo. No los defraudemos.

CAPÍTULO 6

AVANZA A TRAVÉS DE LA HONRA

No siempre encontramos nuestro significado recibiendo, como si fuéramos el centro de atención del mundo que nos rodea. Gran parte de la vida en este reino se obtiene dando. La plenitud de nuestra vida no se mide por lo que tenemos. Se mide por lo que hemos dado. Y uno de los mayores regalos que cualquiera de nosotros podría dar es la honra. Esta reconoce la gracia de Dios sobre una vida, aquella que las personas a menudo no pueden ver en sí mismas. Atrae su atención hacia Dios, el diseñador, y su obra de asombro en ellos: su diseño.

Honrar es una especie de transacción, ya que libera los nutrientes mentales, emocionales y espirituales que necesita otro ser humano. Es la vida. Honrar a otro es una de las expresiones más importantes de la economía de Dios.

La plenitud de nuestra vida no se mide por lo que tenemos.
Se mide por lo que hemos dado. #nacisteparatrascender

La honra o el honor es un complemento necesario de nuestra dieta para el hombre interior. Pero no es la comida. El alimento viene del Señor mismo a través de lo que dice sobre nosotros en su Palabra. Sin embargo, el efecto de esta transacción de honor de las personas da un contexto para que nuestra relación con Dios se mida a través de la conexión humana. Dios dijo: "No es bueno que el hombre esté solo" (Génesis 2:18 RVR1960). Y aunque habla del matrimonio, el trasfondo es nuestra necesidad de personas. Fuimos diseñados para tener comunión con otros, no en lugar de una relación con Dios, sino como una forma de medir el verdadero efecto de conocerlo. Jesús llamó nuestra atención sobre el mandamiento "Honra a tu padre y a tu madre". Pablo agregó el recordatorio que viene con una promesa.

Hijos, obedeced en el Señor a vuestros padres, porque esto es justo. Honra a tu padre y a tu madre, que es el primer mandamiento con promesa; para que te vaya bien, y seas de larga vida sobre la tierra.

— EFESIOS 6:1-3

Ahí está. El honor libera vidas. Es una de las formas en que Dios extiende el favor y la vida al creyente. Y no solo libera vidas, sino que a menudo la medida de honra otorgada también se usa para determinar la cantidad de bendición o favor devuelto.

Y se escandalizaban de él. Pero Jesús les dijo: No hay profeta sin honra, sino en su propia tierra y en su casa. Y no hizo allí muchos milagros, a causa de la incredulidad de ellos.

—MATEO 13:57-58

La ausencia de honra cuesta caro. Como leemos en Mateo 13, los milagros que fueron diseñados para las personas en la ciudad natal de Jesús nunca sucedieron, ya que la ausencia de honra determinó lo que pudieron recibir. La Biblia continúa enseñando que honrar a un profeta como tal nos da acceso a la recompensa del profeta, lo que básicamente significa que nos da acceso a los beneficios de su ministerio. La honra otorgada determina el beneficio recibido. Jesús usó este principio en su discurso con su ciudad natal de Nazaret, en Lucas 4:24-27:

> Y añadió: De cierto os digo, que ningún profeta es acepto en su propia tierra. Y en verdad os digo que muchas viudas había en Israel en los días de Elías, cuando el cielo fue cerrado por tres años y seis meses, y hubo una gran hambre en toda la tierra; pero a ninguna de ellas fue enviado Elías, sino a una mujer viuda en Sarepta de Sidón. Y muchos leprosos había en Israel en tiempo del profeta Eliseo; pero ninguno de ellos fue limpiado, sino Naamán el sirio.

La ausencia de honra en su cultura fue la razón por la que pudieron estar al alcance del profeta Elías, que proporcionó un suministro sobrenatural a la viuda de Sarepta y, sin embargo, los demás siguen teniendo sus necesidades económicas. Dios llevó a su profeta fuera de la comunidad del pacto para mostrarle su condición de proveedor. Él, verdaderamente, es el Padre perfecto que se deleita en ser el Dios de abundancia para todos. Pero Israel perdió eso por completo.

No fue porque Dios no se preocupara o no hubiera hecho preparativos para que su pueblo fuera cuidado. Al contrario, se habían hecho provisiones, pero las manos de ellos estaban llenas de su propio orgullo, lo que no daba lugar para el suministro de Dios. El orgullo rechaza la cultura de la honra. Y la honra en el reino da acceso a los recursos de ese mismo ámbito.

Jesús fue enviado por el Padre para que trajera libertad a los cautivos, pero las manos de ellos estaban llenas de sus propios problemas, lo que no dejaba lugar para la bendición de Dios. #nacisteparatrascender

---

Lo mismo puede decirse del trato de Israel al sucesor de Elías, Eliseo. La ausencia de honor para este profeta hizo que las personas con lepra permanecieran enfermas. No fueron afligidos por el designio de Dios; Eliseo fue el diseño de Dios. La solución fue idea de Dios. Si bien la enfermedad y la dolencia estaban presentes porque el pecado entró en el mundo, él era un profeta ungido por Dios para liberar el milagro de la curación de Naamán, el general de un ejército enemigo. Una vez más, Dios salió de la comunidad del pacto para mostrar su corazón y naturaleza, todo porque Israel se negó a dar el honor necesario para proporcionarles acceso a la sanidad, la maravillosa manifestación del reino de Dios.

Según la enseñanza de Jesús en Lucas 4, la ausencia de honor fue la razón de la carencia que experimentaron como nación. La ausencia de honor moldeó su propia historia con Dios. Y ahora, una vez más, el pueblo de Dios, Nazaret, no tiene lo que Dios había destinado para ellos: milagros, que son la respuesta celestial a las necesidades humanas. Jesús fue enviado por el Padre para que trajera libertad a los cautivos, pero las manos de ellos estaban llenas de sus propios problemas, lo que no dejaba lugar para la bendición de Dios.

HONRAR ES JUSTO

No es como si Dios se sentara a esperar y dijera: "Si no me honran, no los bendeciré". Dios no hace ni piensa nada con intenciones egoístas. Él vive por amor, por su compromiso de hacer siempre lo mejor para la persona.

En pocas palabras, honrar cuando es debido es un acto de justicia. Es hacer un pago. De la misma manera que somos fieles con los pagos de una hipoteca, también debemos serlo a la hora de honrar a los demás.

Pagad a todos lo que debéis: al que tributo, tributo; al que impuesto, impuesto; al que respeto, respeto; al que honra,

honra. No debáis a nadie nada, sino el amaros unos a otros; porque el que ama al prójimo, ha cumplido la ley.

—Romanos 13:7-8 RVR1960

Ten en cuenta que la honra en este pasaje se compara con una deuda: algo que se debe. Honrar es parte de nuestra tarea y está implícito en nuestro conjunto de habilidades.

Todas las personas merecen honra, al menos por dos razones: están hechas a imagen de Dios y Dios les dio tanto dones como habilidades. Es vital que sepamos que eso debe incluir honrar a las personas antes de que vengan a Cristo. La falta de voluntad de los creyentes para honrar a un incrédulo dice más sobre nosotros que sobre ellos.

Honrar al Espíritu Santo, que ha elegido trabajar a través de una persona en particular, no es adoración a la gente. Es honrar a Dios, reconocer y mostrar valor por el que él elige trabajar.

#nacisteparatrascender

La tercera razón para honrar es que el Espíritu Santo reposa sobre ellos. Esto es lo que Israel perdió en sus encuentros con Elías, Eliseo y Jesús. Jesús identificó el asunto como un problema de los pueblos. En otras palabras, la familiaridad anuló su capacidad para reconocer el Espíritu de Dios que descansa sobre alguien. Debido a que no reconocieron el Espíritu de Dios sobre ellos, no obtuvieron lo que Dios había separado para ellos. Su ceguera espiritual les hizo perder de vista el momento en que "el reino estaba cerca" o a su alcance.

Honrar al Espíritu Santo, que ha elegido trabajar a través de una persona en particular, no es adoración a la gente. Es honrar a Dios, reconocer y mostrar valor por el que él elige trabajar. Se lo toma personalmente de la misma manera que se siente honrado cuando le damos un vaso de agua fría a alguien que lo necesita. (Ver Mateo 25:40).

TRAER PERSONAS A JESÚS

El evangelismo existe desde hace dos mil años. Es vital, ya que nos enfrentamos a la que será la mayor cosecha de almas que el mundo haya visto jamás. La cosecha está cerca. Pero la única razón por la que menciono este tema en el contexto de la honra y la promoción, es que a menudo no vemos las herramientas que Jesús empleó. El uso apropiado de esas herramientas, a menudo nos prepara para el tipo de promoción que él anhela que recibamos.

Voy a mencionar tres que se destacan para mí y a desarrollarlas algo para crear contexto en este capítulo.

1. La predicación audaz del evangelio

Lo admito, esta es mi favorita. Me encanta escuchar las audaces declaraciones del evangelio de Jesucristo. La transformación de mi vida se produjo en gran parte gracias a la audaz predicación de Mario Murillo. Él me presentó un evangelio sin concesiones: estás dentro o fuera. Eso me encantó y lo necesitaba. Si voy a seleccionar un método para usar por el resto de mi vida, será este. Dios ha honrado este método durante dos mil años. Todos los grandes avivadores fueron conocidos por este don. Oro para que esta generación abrace el privilegio de ser audaces en la proclamación de la verdad.

2. Las bendiciones de Dios sobre su pueblo

Esta probablemente parecerá la más extraña de todas las herramientas de evangelización. Y supongo que debería ser así, ya que no siempre hemos sabido cómo llevar el favor y la bendición de la forma en que fueron diseñados. Y, sin embargo, el principio permanece: las bendiciones sobre nosotros lo revelan. Y ese es en parte el propósito de este libro. El Salmo 67:1-2 aborda esto en profundidad: "Dios tenga misericordia de nosotros, y nos bendiga; haga resplandecer su rostro sobre nosotros; para que sea conocido en la tierra tu camino, en todas las naciones tu salvación" (RVR1960). Mira eso con atención. Las misericordias y las bendiciones de Dios desplegadas sobre nuestras vidas revelan su naturaleza: "para que sea conocido en la tierra tu camino". La siguiente declaración es la más asombrosa de todas: "En todas las naciones tu salvación". La bendición sobre nosotros, bien recibida, es lo que revela la naturaleza de nuestro Padre perfecto de una manera que impacta a naciones enteras. Con ese resultado en juego, es posible que deseemos prestar más atención a esta herramienta vital. Le debo al mundo que me rodea una vida bendecida porque es esa vida la que revela su naturaleza de una manera que hace que su gracia sea irresistible.

3. Honrar cuando se debe

Dudo que esto sea una sorpresa, pero Dios usa un estándar diferente para ver cuándo es que debemos honrar. En este caso, no es que nuestra perspectiva sea incorrecta. Sabemos reconocer la nobleza y recompensar en consecuencia. También sabemos algo sobre cómo reconocer la valentía y el coraje. Honramos legítimamente a nuestros socorristas ya que enfrentan desafíos considerables en el desempeño de sus funciones. Hay muchas otras circunstancias similares en las que podemos reconocer y honrar.

Pero Jesús elevó los requisitos en cuanto a cómo, cuándo y a quién debemos honrar. La honra que él dio no fue acorde a las apariencias. Él honra de acuerdo al corazón, pero también según el potencial. Jesús se sentó cerca del plato de la ofrenda en la sinagoga y notó la manera en que algunas personas daban sumas considerables de dinero. Sin embargo, honró a la viuda que puso todo lo que tenía a pesar de que su donación era la menos cuantiosa. Honró al centurión por su comprensión del reino al mostrar una gran fe. Y así lo hizo con muchos otros, dos de los cuales mencionaré a continuación.

LA BONDAD TODAVÍA CONDUCE AL ARREPENTIMIENTO

Pedro (también llamado Simón) es uno de los personajes favoritos, para muchos de nosotros, en las Escrituras. Quizás sea porque podemos identificarnos fácilmente con sus errores. Hacia el comienzo de su travesía con Jesús, tuvo una experiencia inusual mientras pescaba.

Cuando terminó de hablar, dijo a Simón: Boga mar adentro, y echad vuestras redes para pescar. Respondiendo Simón, le dijo: Maestro, toda la noche hemos estado trabajando, y nada hemos pescado; mas en tu palabra echaré la red. Y habiéndolo hecho, encerraron gran cantidad de peces, y su red se rompía. Entonces hicieron señas a los compañeros que estaban en la otra barca, para que viniesen a ayudarles; y vinieron, y llenaron ambas barcas, de tal manera que se hundían. Viendo esto Simón Pedro, cayó de rodillas ante Jesús, diciendo: Apártate de mí, Señor, porque soy hombre pecador. Porque por la pesca que habían hecho, el temor se había apoderado de él, y de todos los que estaban con él, y asimismo de Jacobo y Juan, hijos de Zebedeo, que eran compañeros de Simón. Pero Jesús dijo a Simón: No temas; desde ahora serás pescador de hombres.

—Lucas 5:4-10

Jesús giró instrucciones sobre dónde pescar. Pedro obedeció y atrapó más de lo que podía manejar, lo que lo obligó a pedir ayuda a otros barcos. Ese milagro hizo que Pedro cayera de rodillas arrepentido. Les recuerdo que Pedro era pescador. La pesca y la venta de pescado era su negocio. Jesús le dio tal abundancia de pescado para vender en su negocio que tuvo que compartirlo con otros empresarios. Fue la honra de la abundancia lo que llevó a

Pedro al arrepentimiento. No hay nada escrito que indique que Jesús le predicara a Pedro en ese momento. No le señaló lo que debía cambiar. Simplemente le presentó un reino superior a todo lo que había visto o experimentado antes. Y Pedro se dispuso a abandonarlo todo para abrazar lo que Jesús le ofrecía.

El pensamiento final de esta historia es que la abundancia extrema de peces quedaría grabada para siempre en la mente de Pedro como el estándar para la cosecha de almas. Primero es lo natural, luego lo espiritual. (Ver 1 Corintios 15:46). Jesús le enseñó acerca de la abundancia en lo natural para darle fe y un ejemplo de la realización espiritual para la que nació. Las lecciones naturales son extremadamente importantes, pero es crucial que no terminen ahí. Son caminos hacia verdaderas realidades espirituales y sus avances.

Cuando Jesús honró a Pedro con una bendición enorme y un gran avance, podría haber ofendido a algunos al despertar los celos. Pero casi todo el mundo se habría sentido ofendido por la siguiente historia. Jesús honró a la persona más deshonrosa de la ciudad. El término recaudador de impuestos es sinónimo de ladrón. Y cuando agregas la palabra jefe a recaudador de impuestos, tienes a la persona más despreciada de toda la región. Estoy seguro de que la gente tenía una opinión más alta de casi todo el mundo, incluso de los ciudadanos más marginales de su comunidad, que la que percibían con los contratados por el gobierno para robarles.

Aquí es donde comienza esta historia. Zaqueo era muy rico, probablemente a expensas de los ciudadanos. Cuando Jesús lo vio en el árbol observando los acontecimientos del día, se invitó a comer a la casa de Zaqueo. Estoy seguro de que a todos en la multitud les hubiera encantado que Jesús fuera a su casa. Pero Jesús eligió al más despreciado para honrarlo frente a todos. Cada vez que Jesús hacía algo como eso, estaba revelando que la naturaleza de su mundo es diferente a la del nuestro.

Cuando Jesús llegó a aquel lugar, mirando hacia arriba, le vio, y le dijo: Zaqueo, date prisa, desciende, porque hoy es necesario que pose yo en tu casa. Entonces él descendió aprisa, y le recibió gozoso. Al ver esto, todos murmuraban, diciendo que había entrado a posar con un hombre pecador. Entonces Zaqueo, puesto en pie, dijo al Señor: He aquí, Señor, la mitad de mis bienes doy a los pobres; y si en algo he defraudado a alguno, se lo devuelvo cuadruplicado. Jesús le dijo: Hoy ha venido la salvación a esta casa; por cuanto él también es hijo de Abraham. Porque el Hijo del Hombre vino a buscar y a salvar lo que se había perdido.

— Lucas 19:5-10

Jesús honró al más ladrón de todos los ladrones, sin duda provocando la ira y los celos de la multitud porque vio el valor de esa única vida. Lo que me sorprende, como alguien que prefiere la predicación audaz del evangelio, es cómo Jesús no le habló al hombre sobre sus pecados. Nunca le ordenó que devolviera el dinero que defraudó, ni le dijo que le diera prioridad a los pobres. Y, sin embargo, eso era evidencia de un verdadero arrepentimiento en el corazón de ese recaudador de impuestos.

Esa hermosa respuesta se debió a que Zaqueo probó la bondad de Jesús y automáticamente comenzó a confesarse y arrepentirse. La historia termina con esta declaración: "El Hijo del Hombre ha venido a buscar y salvar lo que estaba perdido". ¿Cómo buscó Jesús esa alma perdida? Con honra. Dios usó la honra para atraer a Zaqueo a una relación personal con él, lo que lo conectó con su propósito eterno.

HONRA AL DAR

Dar es una de las partes esenciales de nuestra razón de ser. Todo lo que obra bajo el orden divino da, aporta o sirve. Los tres aspectos más elementales en los que se basa el dar son la compasión, la visión y la honra.

1. Compasión

Damos por compasión cuando lo hacemos para satisfacer las necesidades humanas. Si alguien no tiene comida, tiene poco dinero para el alquiler o sus facturas médicas están mucho más allá de lo que puede pagar, dar es lo más compasivo que se puede hacer. Vivir de esta manera es honorable. La Biblia dice que dar a los pobres es prestar al Señor. Y tiene las mejores tasas de interés: retornos de treinta, sesenta y cien veces.

2. Visión

Damos basados en la visión cuando diezmamos y damos ofrendas a nuestra iglesia, apoyamos a un misionero o ayudamos a un refugio para mujeres a agregar una nueva ala a sus instalaciones. Damos porque creemos en la visión de ese ministerio u organización.

3. Honra

Damos en base a la honra cuando apreciamos el valor de alguien y deseamos reconocer el valor de esa persona con un regalo representativo. En este caso, a menudo, no se percibe una necesidad. Básicamente de lo que se trata es de decir: "Por lo que soy en Dios y por lo que veo que eres, debo responder con un regalo que te honre".

Eso fue lo que hizo la reina de Saba, por lo que le dio un regalo extravagante a Salomón, que era la persona menos necesitada del planeta. Después de que ella pasó un tiempo considerable con Solomon, él le dio regalos que eran mucho más que los de ella en calidad y cantidad. Ella tampoco los necesitaba. Estaba a punto de regresar a su nación y a su gente, donde no le faltaba nada. La expresión que se usa en las Escrituras para describir este acto es *magnanimidad*. "El rey Salomón, por su parte, le dio a la reina de Sabá todo lo que a ella se le antojó pedirle, además de lo que él, en su magnanimidad, ya le había regalado. Después de eso, la reina regresó a su país con todos los que la atendían" (1 Reyes 10:13). Dar nunca disminuye el valor de quienes saben lo que son. La verdad es lo opuesto. Los generosos se vuelven más estables y equilibrados. El don de honrar se ilustra maravillosamente en el libro de los Hechos en un escenario de lo más inusual: una hambruna.

Por aquel tiempo unos profetas bajaron de Jerusalén a Antioquía. Uno de ellos, llamado Ágabo, se puso de pie y predijo por medio del Espíritu que iba a haber una gran hambre en todo el mundo, lo cual sucedió durante el reinado de Claudio. Entonces decidieron que cada uno de los discípulos, según los recursos de cada cual, enviaría ayuda a los hermanos que vivían en Judea. Así lo hicieron, mandando su ofrenda a los ancianos por medio de Bernabé y de Saulo.

—HECHOS 11:27-30

El profeta declaró que se avecinaba una hambruna en el mundo entero. La respuesta de la gente fue aceptar una ofrenda ante una necesidad personal. Ese no es un pensamiento normal, al menos para este mundo. Y, sin embargo, esa forma de pensar condujo a un avance inusual. ¿A dónde estaba llegando la hambruna? Al mundo entero. Eso significa que los que tomaran la ofrenda también se verían afectados por el hambre. Y, sin embargo, recolectaron una ofrenda. Esa es la forma de pensar del reino.

¿A quiénes dieron su dinero? A los hermanos de Judea. ¿Estaban ellos en necesidad? Quizás. ¿Es posible que, ante la crisis, quisieran enviar una ofrenda para honrar a las personas que les llevaron el evangelio por primera vez? Es muy posible. Y aunque ocurrió la hambruna, nunca más se vuelve a oír hablar de ella. El don de la honra silenció incluso la voz de una hambruna.

El poder de la honra es verdaderamente transformador. No obtenemos los beneficios de un reino siguiendo las leyes de otro.

Las ofrendas, especialmente las que honran, alejan el corazón y la mente de todo lo que es inferior. Ellos honraron a los que les llevaron las buenas nuevas, uniéndose al decreto de Isaías.

Cuán hermosos son sobre los montes los pies del que trae alegres nuevas, del que anuncia la paz, del que trae nuevas del bien, del que publica salvación, del que dice a Sion: ¡Tu Dios reina!

—Isaías 52:7 RVR1960

No es una insensatez honrar a quien Dios honra y elogiar a quien Dios elogia. Sí, es cierto que Dios nos elogia a todos, pero hay ocasiones en las que es prudente reconocer dónde ha puesto Dios su atención en un momento dado. Responder a su liderazgo siempre es saludable. Y recompensa a los que siguen su pasión por los demás.

Hay algunas personas que son una gran parte de mi historia con Dios. Su influencia e inversión desinteresada en mí han cambiado mi vida para siempre. Siempre trato de aprovechar las oportunidades que se me presentan para honrarlos dando algo.

También hacemos esto como familia en la iglesia. Es común dar ofrendas a los ministerios después de que te hayan ministrado. Es el acto más justo que podemos hacer. Por eso apoyamos a los santos mayores que nos ministraron fielmente en su mejor momento, los que —debido a su salud o edad— ya no pudieron hacer más. Decidimos dar para honrar a aquellos de los que ya no podríamos beneficiarnos. En algunos casos, continuamos apoyando económicamente a la esposa después de que su esposo se fue con el Señor. Esto, por supuesto, se brinda en agradecimiento a Dios, que los bendijo para que pudieran ser una bendición para nosotros.

EL FAVOR LIBERADOR

Uno de los principios más inusuales que he visto en las Escrituras es que tenemos la capacidad de aumentar el favor o la gracia en la vida de otra persona. Se trata del proceso de administrar el favor en nuestras vidas en beneficio de otro. Este es un ejemplo fantástico de cómo usar el favor para beneficiar a otro. Pero la forma en que funciona es bastante sorprendente.

Ninguna palabra corrompida salga de vuestra boca, sino la que sea buena para la necesaria edificación, a fin de dar gracia a los oyentes.

—EFESIOS 4:29 RVR1960

Busca las palabras que edifiquen de acuerdo a la necesidad que exista puesto que darán gracia a los que escuchan. La gracia es un favor inmerecido que les permite llegar a su destino y vivir como lo hizo Jesús.

La gracia se define correctamente como un favor inmerecido. Pero eso es solo el comienzo. Es el favor el que capacita. Me gusta decirlo de esta manera: la ley exige, pero la gracia habilita. Nos capacita para hacer lo que solo Jesús podía hacer.

No quisiera dar a entender que dirigimos la mano de Dios o que, de alguna manera, lo controlamos. Esa sería la máxima insensatez. Sin embargo, la verdad a menudo se acerca al error que más tememos. Cuando vivimos en reacción al error, en vez de responder a la verdad, perdemos lo que Dios está diciendo y creamos otro error en el proceso. En este caso, lo que Dios dice es que cuando me acerco a mi hermano y le hablo con palabras de aliento, le estoy diciendo: "Dios, por el favor que has puesto en mi vida, te pido que le des el mismo favor a mi hermano".

Administramos el favor de Dios cuando decidimos animar, bendecir y ministrar a alguien. La gracia proviene de Dios, pero cuando adoptamos la postura de que somos una fortaleza para otra persona al emitir palabras de aliento, estamos marcando a las personas para que aumenten el favor divino. ¡Asombroso! Dios favorece al que yo favorezco. Este es un hermoso cuadro de la colaboración con el Señor. Sería incorrecto dar a entender que un individuo no tenía favor antes de que yo llegara. A cada uno se le da una medida. Pero les recuerdo nuevamente que hasta el propio Jesús necesitaba aumentar el favor de Dios y los hombres. Dicho esto, a todos nos vendría bien más. Todo el mundo debería agradecer el aumento que aportamos.

Me gusta pensar que la persona es como un tiro al blanco y que mis palabras son los dardos que lanzo al centro de la diana, pidiéndole a Dios que sus bendiciones y sus incrementos abunden en esa vida. Esto es ser mayordomo de la gracia de Dios a través de un corazón generoso. Muchos son generosos con el dinero, especialmente si tienen mucho, pero fracasan en forma miserable con un corazón generoso al tratar de fortalecer a los demás mediante la bondad. Esta es la verdadera generosidad.

No quisiera dar a entender nunca que podemos forzar a Dios o controlarlo, de alguna manera, para que haga algo. Él es soberano. Tú y yo no. Pero él ha escrito nuestra función en su plan soberano y se deleita en nuestra participación al desarrollar su plan de gracia para los demás. Para ilustrar este concepto, un amigo profeta me dijo una vez: "Si sabes de una iglesia a la que crees que debo ir, dímelo e iré allí". No necesitaba otra reunión; era muy respetado en todo el mundo. ¿Qué quiso decir entonces? En muchas palabras, estaba diciendo: "Bill, tienes favor ante mis ojos, y si alguien tiene favor ante tus ojos, le mostraré la misma amabilidad que te he mostrado". Me parece interesante que él modelara bastante bien el sentir del Señor revelado en el pasaje de Efesios 4. Ese es el camino del reino.

El Señor aclara qué tipo de cosas hay que decir. "No dejes que de tu boca salgan palabras malsanas". Luego nos indica que hablemos palabras que edifiquen de acuerdo con la necesidad del momento. La tarea que Dios nos asigna es que animemos a las personas. En un sentido muy real, abrimos oportunidades para que Dios aumente sus bendiciones sobre esa persona.

HONRAR AL QUE VA A SER CREYENTE

Como mencioné anteriormente, no espero a que la gente se salve para honrarla. Sé que la preocupación es que no aislemos a las personas de su conciencia de su propio pecado. Después de todo, no hay necesidad de un salvador si no estamos conscientes de nuestra condición perdida. En la convicción del pecado, encontramos la puerta abierta para volvernos del pecado, con fe, hacia Dios. Sin embargo, he descubierto que la mayoría de la gente vive consciente de lo que está mal en sus vidas. Pocas personas viven conscientes de cómo las valora Dios. Creo que el Señor está llevando a la gente a un escenario de gran ternura debido a la honra. Ya lo hemos visto.

He practicado este principio durante décadas. Hace años, le escribí una carta a un juez que había tomado una decisión en un caso judicial contraria a lo que esperábamos. Se trataba de un nuevo converso cuya vida cambió gracias a Jesús. El juez buscaba justicia pero yo buscaba misericordia. Cuando terminó el caso, le escribí una carta al juez agradeciéndole su pasión por la justicia para nuestra ciudad. Lo necesitamos. Él respondió diciendo: "No recibimos cartas como esta". Es bueno honrar a las personas por desempeñar su cargo de manera responsable en nuestra ciudad.

Pocas personas viven conscientes de cómo las valora Dios. Creo que el Señor está llevando a la gente a un escenario de gran ternura debido a la honra. #nacisteparatrascender

---

Recuerdo a un hombre de negocios sometido a mucha oposición por unos apartamentos que estaba construyendo. Nuestro pequeño pueblo tenía una gran necesidad de lugares para vivir.

Y esos apartamentos eran una hermosa adición a nuestra ciudad. Un día, me detuve en el lugar donde estaba trabajando y escuché cuando lo insultaban por su proyecto de construcción. Existe un enfoque muy poco saludable para los negocios en el que ciertos empresarios trabajan con la esperanza de obtener ganancias aunque sea en forma inmoral. Eso es de naturaleza demoníaca, ya que está trabajando para socavar lo que hace que las comunidades sean saludables. Por supuesto, las ganancias ilegales o las ganancias a base de inmoralidad son malas. Pero por naturaleza, las ganancias son el objetivo principal en una cultura en la que impera el concepto de sembrar y cosechar.

Cuando Jesús enseñó sobre ese tema, habló de talentos y minas, los cuales representaban sumas de dinero. La menor cantidad de utilidades ilustrada en su historia fue el cien por ciento de ganancia. Luego le quitó al que tenía menos, al que se negó a usar lo que se le dio de manera responsable y se lo dio al que más tenía. Eso destruye la posibilidad de que cualquiera pueda convertir a Jesús en un líder comunista o socialista. Ni siquiera se parecía a algo como eso. Su compasión por la humanidad sufriente no anuló lo que consideraba qué hace que una comunidad sea saludable. Debemos recuperar el valor de los negocios saludables y lucrativos y la compasión por quienes han sufrido injustamente. Las empresas que ofrecen servicios y obtienen ganancias son beneficiosas para todos.

Después de escucharlo sufrir tal abuso, me fui a casa y le escribí una carta agradeciéndole por dedicar las ganancias que obtenía en sus negocios para invertirlas en nuestra ciudad. Toda la ciudad se benefició de las viviendas tan necesarias y la excelencia con la que estaba construyendo. Más tarde me agradeció mi amabilidad.

Honrar a las personas es un gran privilegio que tenemos en la vida. Revela la perspectiva saludable que tenemos, que no es ni egocéntrica ni simplemente absorbida por la iglesia. Muchos de los que son generosos en el ámbito de la iglesia son mezquinos y tacaños fuera de ese contexto. Eso debe cambiar. Ver a las personas con respeto y honra ayuda mucho a que nuestras ciudades alcancen su potencial y nos posiciona para el acrecentamiento y la promoción.

Nuestra trascendencia no se mide por lo que hemos recibido de otros. Somos diseñados para ser generosos. Nuestro papel es aprovechar los recursos del Rey y compartirlos con tantas personas como sea posible. Eso es algo más que material. Es el imperio absoluto del reino de Dios. Nuestras vidas deben inspirar a las personas a mayores manifestaciones de rectitud, paz y gozo en sus vidas particulares. Este es el propósito de Dios para todos nosotros. En eso es que reside nuestra trascendencia.

CAPÍTULO 7

LEALTAD, LA HERRAMIENTA SECRETA PARA AVANZAR

Tuve el privilegio de servir bajo el liderazgo de mi padre durante cinco años. Teníamos un personal maravilloso. Todos parecían pensar con bastante facilidad. La pasamos bien, mi padre era muy complaciente y solidario. Su habilidad para estar al lado de hombres y mujeres más jóvenes era bastante tradicional. Todavía veo personas hoy que tenían a mi papá de su lado cuando otros en posiciones de liderazgo los habían pasado. Él modeló la lealtad a niveles muy altos y nos mostró cómo era dar gracia a los desvalidos.

Nunca olvidaré la conversación que tuvo con todos nosotros, su equipo pastoral, un día. Nos sentó para hablarnos acerca de sus valores. Nos dijo que, si alguna vez teníamos un problema con el alcohol, trabajaría con nosotros. Luego pasó a mencionar varios otros pecados en los que cae la gente. Pero concluyó su lista con esta declaración: "Pero si alguna vez eres desleal, te vas de aquí".

El corazón de Dios se hizo muy evidente en ese momento. Nos estaba informando que se puede trabajar en el comportamiento. Pero el corazón lo es todo. Y si el corazón está mal, te vas.

La lealtad es un tema fascinante, especialmente si lo vemos desde la perspectiva de Dios, como se describe en Proverbios 20:6: "Son muchos los que proclaman su lealtad, ¿pero quién puede hallar a alguien digno de confianza?". Este verso es bastante alarmante para mí. Básicamente está diciendo: "Todos piensan que son leales. Pero no estoy de acuerdo". No creo que Dios esté diciendo que nadie es leal. Tenemos hermosos ejemplos de ello en las Escrituras. Pero lo que me preocupa es que Dios implica que nuestra perspectiva en cuanto a la lealtad no es la misma que tiene él. Seamos sinceros. Mi opinión de mí mismo no tiene ningún valor si está en conflicto con lo que Dios dice. Él tiene razón, todos los demás son mentirosos. He puesto mis intereses plenamente bajo su consideración, sobre todo. Es la única forma de vivir de manera responsable y exitosa.

Mi opinión de mí mismo no tiene ningún valor sí está en conflicto con lo que Dios dice. #nacisteparatrascender

---

Él compara la lealtad con ser digno de confianza. Cualquiera puede ser digno de confianza cuando las cosas van bien. Pero nuestra dependencia se ve desafiada durante los conflictos y las pruebas. Ahí es donde Dios mide nuestra confiabilidad. La expresión *digno de confianza* se puede traducir como "fiel" y, al menos en un caso, "mensajero de fidelidad".

Este no es un tema minúsculo para mí. "Grande es tu fidelidad" es probablemente mi himno favorito de todos los tiempos. Me hace llorar. Y lo que más valoro de Dios, es que nos valora a nosotros. Constantemente busca personas que acarreen su naturaleza fiel, para que puedan representarlo con mayor exactitud, cualesquiera sean las circunstancias. El mundo merece un testimonio del carácter de él a través de la grandeza, la fidelidad y la bondad. Somos los mensajeros de estas cosas.

Esto está muy conectado a la trascendencia que deseamos porque sin carácter, el tema de la trascendencia solo puede convertirse en una travesía egocéntrica que nos lleve más profundamente al orgullo y a la independencia. Esas cosas son valoradas por el mundo que nos rodea, pero comprometen seriamente nuestro propósito en esta vida y más allá.

LA REBELIÓN CONSIDERADA COMO VIRTUD

La sociedad actual trabaja arduamente para redefinir todo sobre la vida, por lo que afirma que lo correcto está mal y que lo malo es correcto. Los límites del pensamiento razonable han llegado tan lejos que lo que se consideraba una locura hace solo unos años se llama hoy lógica, razón y misericordia. Eso está sucediendo ante nuestras propias narices. Los carteles de protesta no son la respuesta. Vivir bien, al aire libre, funciona. Nuestras vidas son como la levadura. Una vez que se le incorpora a la masa (sociedad), no se puede quitar. Redirecciona nuestro "norte espiritual", proporcionando la plomada bíblica a la cultura una vez más.

Mi generación exaltó la rebelión como forma de vida. Había una calcomanía que usaban en los automóviles que decía: "Cuestiona la autoridad". Eso se convirtió en el lema que representaba una forma de pensar. Y aunque siempre ha habido abuso de autoridad, un mal no justifica otro mal igualmente destructivo. Jesús no reaccionó ante el diablo. Al contrario, respondió al Padre. Detestar la mentira no anula su poder. Solo la verdad puede hacerlo. La verdad compensa con creces los efectos de la mentira.

La rebelión puede conseguir el reconocimiento de una persona e incluso la promoción en algunos entornos, si la organización está destrozada. Se le da algún nombre noble para justificarla y funcionará en algunos entornos. Pero no con respecto a Dios. Él nos promueve de acuerdo a nuestro corazón. Y los ascensos que él otorga llegan sin pesar. "La bendición de Jehová es la que enriquece, y no añade tristeza con ella" (Proverbios 10:22). Y aunque este versículo trata acerca del dinero, en general, la riqueza incluye la posición, la promoción y el dinero. El punto es que él resguarda lo que bendice.

UN MAESTRO MUY INUSUAL

Dudo que hubiera un judío vivo en los días de Jesús que pensara que una de las grandes lecciones del reino de Dios procedería de un soldado, pero así fue. Y era profunda, en el sentido de que conllevaba un entendimiento inusual de la autoridad y la fe. Terminó en un milagro extraordinario. Pero el proceso es impar en el sentido de que ilustra una verdad fundamental: la manera en que operas bajo el liderazgo te da la autoridad para trabajar con el liderazgo. Esta es la forma de promoción.

Entrando Jesús en Capernaum, vino a él un centurión, rogándole, y diciendo: Señor, mi criado está postrado en casa, paralítico, gravemente atormentado. Y Jesús le dijo: Yo iré y le sanaré. Respondió el centurión y dijo: Señor, no soy digno de que entres bajo mi techo; solamente di la palabra, y mi criado sanará.

Porque también yo soy hombre bajo autoridad, y tengo bajo mis órdenes soldados; y digo a este: Ve, y va; y al otro: Ven, y viene; y a mi siervo: Haz esto, y lo hace. Al oírlo Jesús, se maravilló, y dijo a los que le seguían: De cierto os digo, que ni aun en Israel he hallado tanta fe. Entonces Jesús dijo al centurión: Ve, y como creíste, te sea hecho. Y su criado fue sanado en aquella misma hora.

—MATEO 8:5-10,13 RVR1960

Esta historia contiene uno de los grandes principios bíblicos de la promoción. Aquí tenemos a un centurión que comprende las estructuras y las responsabilidades pertinentes a toda autoridad. Él razonó que Jesús debe tener una relación correcta con el Padre debido a lo que mostró con su vida en esta tierra. Hablaba y sucedían cosas. Israel no aprovechó esa profunda lección. Ese soldado reveló que entendía cuando le dijo a Jesús que todo lo que tenía que hacer era dar una orden porque él, como centurión que era, también estaba bajo autoridad.

Detestar la mentira no anula su poder. Solo la
verdad puede hacerlo. #nacisteparatrascender

Uno pensaría que si lo que quería hacer el centurión hubiera sido aplaudir la autoridad de Jesús, habría dicho: "Yo también soy un hombre de autoridad. Le digo a la gente qué hacer y ellos lo hacen". Sin embargo, lo que le dice es que él también es un hombre bajo autoridad, y "yo le digo a este: 've', y él va y a este 'ven' y viene". Reconoce que Jesús representa al Padre, pero también revela que usar bien nuestras posiciones (lugares de promoción) concuerda con lo bien que representamos a los que están por encima de nosotros.

UNA PALABRA SUCIA

La *sumisión* se ha convertido casi en una mala palabra para algunos. La Escritura a menudo se tergiversa para que diga cualquier cosa menos lo que en realidad dice, yendo a menudo al otro extremo, en este caso, haciendo de la rebelión un acto noble. Una vez más, el abuso de este tema por parte de muchos ha arruinado esta rica verdad durante gran parte de una generación. Sin embargo, lo real de la verdad sigue siendo igual. La sumisión es el camino de Dios para la promoción y el crecimiento. Me gusta decirlo de esta manera a nuestros equipos: "Cuando te sometes a alguien, no siempre puedes hacer lo que quieres. Pero puedes hacer más de lo que eres capaz de hacer". La sumisión tiene ese efecto. Nos da acceso a la fuerza de otra persona hasta que esa fuerza se convierte en nuestra. Permíteme ilustrarte.

Cuando dejé el puesto de pastor asociado bajo el liderazgo de mi padre, me convertí en pastor principal en Mountain Chapel en Weaverville, California. Pero solo aceptaría ese puesto bajo el acuerdo con la junta directiva de la iglesia de que podría reunirme periódicamente con mi padre y presentarle nuestro trabajo para recibir sugerencias e instrucciones. Era el tipo perfecto al cual someterse, ya que solo tenía presente nuestro interés y no tenía ningún interés personal. Nunca había sido pastor principal. Eso, automáticamente, me dio veinticinco años de experiencia. Su historia se convirtió en la mía.

Cuando te sometes a alguien, no siempre puedes hacer lo que quieres. Pero puedes hacer más de lo que eres capaz de hacer. #nacisteparatrascender

---

No creo que la lealtad sea posible sin la práctica de la sumisión bíblica. No hay liderazgo sin autoridad. Incluso la responsabilidad tiene sus raíces en la autoridad. El efecto que tenemos en las personas se manifiesta en la medida en que hemos respondido a la autoridad sobre nosotros. Nuestra capacidad de vivir bien en un ambiente en el que se promueva a las personas concuerda con esta virtud vital.

Muchos no se dan cuenta de eso mientras aspiran a nuevos puestos de liderazgo, a nuevos escenarios de servicio en el cuerpo de Cristo o incluso en la comunidad. Pero debido a que no se han ocupado de sus actitudes y problemas subyacentes en cuanto a la autoridad, no se dan cuenta de que Dios los sigue presionando y no les dará el ascenso. La rebelión es veneno. Y se arrastrará en una situación determinada e infectará a muchos. Por esa razón, Dios retiene la promoción que quiere darle a una persona hasta que esta se reduce a un lugar fuerte, el cual está anclado a la sumisión.

LEALTAD A UN REY IMPÍO

La historia de Daniel es notable por muchas razones. Una de ellas que debería ser celebrada por todos nosotros es que permaneció fiel a lo largo de su larga vida, representando bien a Dios y sirviendo en situaciones desafiantes sin compromiso. La suya realmente es una de las historias más hermosas de la Biblia. Muchos fracasan en los momentos finales de sus vidas y no terminan con fuerza como Dios lo ideó. No quiero ser alguien a quien le vaya bien durante una temporada, pero que flaquea cuando aumenta la presión. Daniel es el prototipo de líder fiel. Uno que manejó bien su promoción.

Tenía alrededor de quince años cuando lo arrebataron de su familia y lo llevaron a Babilonia para servir al rey Nabucodonosor. A menudo, los otros miembros de la familia morían cuando uno era secuestrado de esa manera. El nombre de Daniel fue cambiado por el del dios de Nabucodonosor, Beltsasar. Daniel y sus tres amigos, Sadrac, Mesac y Abednego fueron educados a la manera de Babilonia.

También es muy posible que se hicieran eunucos. La palabra hebrea para eunuco es *saris*. *Saris* también se traduce como funcionario gubernamental. Pero esa interpretación no tendría impacto cuando se usara en la reprimenda de Isaías a Ezequías. Este dijo que algunos de sus hijos serían llevados cautivos y se harían saris. Significaría poco si solo se trataba de que se convertirían en "funcionarios gubernamentales". Es probable que esos muchachos hebreos fueran eunucos. Solo planteo este punto para enfatizar las dificultades que tuvieron que atravesar para tener éxito en el sistema babilónico. Eso hace que esta historia sea aún más conmovedora. Y aunque sus posiciones de influencia son una promoción desde la perspectiva de Dios, estoy seguro de que al principio no parecía así para ellos cuatro.

Ellos estaban inmersos en un sistema diabólico, lleno de brujería y hechicería. Todo su mundo estaba lleno de demonios. El rey Nabucodonosor, incluso, hizo un ídolo a su imagen e intentó matar a cualquiera que no se postrara en adoración. Aquí es donde obtenemos la maravillosa historia de los tres jóvenes hebreos en el horno de fuego. (Ver Daniel 3). Daniel era considerado el jefe de los magos, lo que básicamente significa que el rey pensaba que era otro ocultista. Y, sin embargo, Daniel prosperó en ese entorno, sin sentirse ofendido, tanto que se destacó por encima del resto. Fue considerado sabio, por la reputación de interpretar sueños y dar consejos sabios, en quien vivía el "espíritu de los dioses santos" (Daniel 4:9). Me río un poco cuando escucho a la gente describir lo oscuro que es su entorno de trabajo. Daniel estableció un estándar muy alto de lo qué es vivir en un ambiente oscuro y prosperar.

Hay muchas razones por las que este profeta debería haber fracasado en su servicio al rey o, como mínimo, haber caminado cojeando espiritualmente por el resto de su vida. Sin embargo, se mantuvo firme en su amor y servicio a Dios y su lealtad al rey. Si bien vale la pena estudiar gran parte de esta historia, esto es todo lo que necesitamos para esta lección en particular.

EN DEFENSA DE LOS IMPÍOS

Defender al impío no es lo mismo que defender la impiedad. Esto se hizo evidente en una de mis historias favoritas de la Biblia relacionada con la lealtad. Esta virtud en este profeta estaba a punto de transformar al peor de los peores reyes de la historia.

Daniel había interpretado un sueño para Nabucodonosor de la manera más extraña, contándole al rey tanto el sueño como la interpretación. Al hacer eso, Daniel salvó la vida de todos los demás magos en el proceso. (Ver Daniel 2). Es interesante ver cómo Dios usa la justicia de uno de sus siervos para preservar las vidas de aquellos que, de otra manera, se perderían. Eso mismo hizo con el apóstol Pablo, en la historia de su naufragio. Dios le perdonó la vida a Pablo y a todos los demás en el barco, solo para mantener vivo a su apóstol con el fin de que testificara en Roma. (Ver Hechos 27:22). Esa es una realidad bíblica muy importante, ya que muchos se benefician del efecto de una vida justa. Vivir para Dios derrama su favor sobre aquellos que están bajo nuestra influencia. Esta es la maravillosa gracia de Dios.

Nabucodonosor tuvo entonces un segundo sueño y quería su interpretación. Por supuesto, acudió a Daniel después de que los sabios, magos y adivinos no pudieran interpretarlo. Así que le rindió uno de los cumplidos más valiosos de la historia, diciendo: "Ningún misterio te desconcierta" (Daniel 4:9). ¿No sería bueno para los gobernantes de este mundo mirar a la iglesia y decir: "No parece que te desconcierten las cosas que no entiendes"? Ese es el estilo de vida de la esperanza.

He aquí la historia: en la primera parte del sueño, el rey vio un gran árbol que era visible en toda la tierra. Fue glorioso y maravilloso, pero finalmente fue talado. Era un mensaje sobre la grandeza del rey que sería reducido a nada. Después de siete años, sería restaurado, enfatizando la capacidad de Dios para levantar y derribar.

> Entonces Daniel, cuyo nombre era Beltsasar, quedó atónito casi una hora, y sus pensamientos lo turbaban. El rey habló y dijo: Beltsasar, no te turben ni el sueño ni su interpretación. Beltsasar respondió y dijo: Señor mío, el sueño sea para tus enemigos, y su interpretación para los que mal te quieren.
>
> — Daniel 4:19

Esto es lo que me hace llorar en esta historia. Daniel es un profeta justo, sin concesiones. Sin embargo, estaba genuinamente afligido por lo que tenía que revelarle al rey: Nabucodonosor estaba a punto de ser juzgado por Dios, de acuerdo con la interpretación de su sueño. Daniel dijo: "Si tan solo el sueño se aplicara a los que te odian y su interpretación a tus adversarios". Esto es asombroso. La mayoría de los líderes que conozco le habrían dicho a ese rey: "¡Te lo dije! No puedes vivir como vives y no esperar el juicio de Dios. Solo me sorprende que no haya sucedido antes". Pero no, Daniel no hizo eso. La noticia lo entristeció sinceramente. Luego reveló el consejo de que posiblemente el rey se salvaría de esta calamidad o, como mínimo, la retrasaría. Parecía amar de verdad al hombre al que se le asignó servir.

> El amor no se regocija en el mal sufrido por
> nadie ... Solo Dios tiene derecho a la venganza.
> No nosotros. #nacisteparatrascender

¿Cómo vives con ese tipo de lealtad? Es probable que vea gente mostrando ese tipo de lealtad si trabajan para la Madre Teresa. Pero no con ese rey. Este es el factor decisivo: Daniel es uno de los profetas más justos de todos los tiempos, sirviendo al rey más inicuo de toda la historia. Pero en vez de "te lo dije", lo que observamos es dolor genuino por la sentencia de Dios para ese monarca. El profeta caminó sobre la cuerda floja en el sentido de que estaba afligido por el castigo pendiente del rey, pero no se ofendió con Dios por haberle dado tal decreto.

EL ROL SACERDOTAL

El amor no se regocija en el mal que sufra alguien. Hay una lealtad que debe manifestarse con compasión y amor por las personas. Solo Dios tiene derecho a la venganza. No nosotros. Y cuando acusamos a los injustos, estamos abusando de nuestra responsabilidad sacerdotal. (Todo creyente es un sacerdote para el Señor, según 1 Pedro 2:9). Una vez una mujer me reprendió y trató de echarme un demonio al final de un servicio dominical, por la mañana, cuando me negué a maldecir a la ciudad de San Francisco con ella. Ella estaba manifestando un uso incorrecto de la autoridad.

Si hago un mal uso de mi autoridad, Dios defenderá al que he atacado. Pero si uso mi papel sacerdotal para interceder por la persona que está equivocada y amarla, Dios la disciplinará simplemente porque tiene el apoyo necesario para aguantar. Este es un principio interesante en las Escrituras del que escuché por primera vez hace unos treinta años. Esta hermosa combinación a menudo culmina en la transformación del que está bajo la corrección de Dios. Apoyar con amor no debe ir en contra de los tratos de Dios. Al contrario, lo amamos pacientemente a pesar de sus circunstancias. Daniel vivió fielmente en su asignación. Y aunque no hubo una promoción posicional para él, ya que estaba en la cima de su función, pudo servir a cuatro reyes, cada uno con el mismo resultado: la rectitud prevaleció. El resultado final de la historia de Nabucodonosor es su arrepentimiento absoluto. Considera este punto: el más vil de los líderes se transformó mediante la lealtad de un hombre justo.

LOS NIÑOS NECESITAN EJEMPLOS

Daniel tenía algo poderoso en su corazón; era amor y pasión por su líder. Un tipo de corazón como ese cambiaría el ambiente de los negocios y la educación en nuestras ciudades e incluso en nuestras naciones. El simple hecho de cuidar los labios y los comentarios que se hacen sobre nuestros líderes públicos tendría un efecto tremendo en nuestros hogares y los destinos sacerdotales de la próxima generación. Los padres no pueden ser descuidados al hablar sobre sus jefes, pastores, presidentes y otros líderes, y pensar que sus hijos no se verán afectados. Recuerda el principio de cosechar y sembrar. Para mí, hablar mal de un líder me convierte en un objetivo franco como líder en mi hogar. Se trata de siembra y cosecha.

Padres, quiero animarlos en este tema. Tenemos que trabajar fuerte como progenitores para enseñar los principios del respeto, los cuales sus hijos confirmarán por la conversación y la forma de actuar ustedes. ¿Haces un mal gesto cuando pasa cierta persona cerca de ti? Es vital dar un buen ejemplo porque eso los prepara para su propia promoción y los lugares de influencia cada vez mayores a lo largo de sus vidas. Su acercamiento a otros en el liderazgo afectará sus propios destinos.

Te diré de dónde viene el problema. No puedo creer cuántos padres creen las descabelladas historias de sus hijos sobre lo horrible que son sus maestros y lo buenos que son los pequeños.

Cuando nuestros hijos fueron a la escuela secundaria, se metieron en situaciones difíciles con algunos de los pobres profesores, pero siempre hablábamos de la forma en que habíamos orado antes de enviarlos a la escuela y cómo Dios debió haber querido y preparado a ese maestro, en particular, para ellos. Dios estaba trabajando para cultivar la profundidad de carácter en ellos. Si algo inmoral u opuesto a los principios de la vida se les cruzara, trazaríamos la línea y saldríamos a defenderlos. Pero no nos metimos en todas las disputas para asegurarnos de que nuestro Johnny estuviera protegido. La razón por la que no lo hicimos es que quería que entendieran que las presiones les llegan por razones que no han visto. Dios es lo suficientemente grande como para usar todo lo que enfrentamos para su gloria y nuestra fortaleza.

Es vital dar un buen ejemplo porque eso los prepara para su propia promoción y los lugares de influencia cada vez mayores a lo largo de sus vidas. #nacisteparatrascender

---

ESCUELA DE REYES

Antes de que David llegara a ser rey, sirvió a Saúl durante una temporada. Y aunque me he ocupado de esto en otras partes del libro, aquí hay un repaso con más información. El éxito de David puso celoso a Saúl. No creas que la promoción siempre hará felices a todos los que te rodean. No es así. María, la madre de Jesús, fue muy favorecida por el Señor. Pero ni siquiera su futuro esposo creyó su historia. Ella era muy favorecida y muy afrontada. A veces, así es como funcionan las cosas.

La escuela de formación de David para reinar involucró muchas situaciones extrañas. Durante esa década de huir de Saúl, el rey David tuvo un par de oportunidades para matarlo. Curiosamente, sus hombres le profetizaron que esa era la voluntad de Dios y la oportunidad de David para dar un paso hacia el destino que le fue designado. Aquí hay otra mirada a la promoción bíblica desde la perspectiva de Dios. Saúl persiguió a David, que estaba escondido en una cueva.

Y cuando llegó a un redil de ovejas en el camino, donde había una cueva, entró Saúl en ella para cubrir sus pies; y David y sus hombres estaban sentados en los rincones de la cueva. Entonces los hombres de David le dijeron: He aquí el día de que te dijo Jehová: He aquí que entrego a tu enemigo en tu mano, y harás con él como te pareciere. Y *se levantó David, y calladamente cortó la orilla del manto de Saúl.* Después de esto *se turbó el corazón de David,* porque había cortado la orilla del manto de Saúl. Y dijo a sus hombres: Jehová me guarde de hacer tal cosa contra mi señor, el ungido de Jehová, que yo extienda mi mano contra él; porque es el ungido de Jehová.

—1 Samuel 24:3-6 RVR1960

David deshonró a su señor, el rey Saúl. Su conciencia le molestaba por tal cosa. Me pregunto cuántas veces los creyentes cortan la punta del manto de la reputación de sus líderes. Y esto generalmente se hace con hombres y mujeres buenos, no con un rey como Saúl, que era un hombre endemoniado que se había apartado del Señor.

Así reprimió David a sus hombres con palabras, y no les permitió que se levantasen contra Saúl. Y Saúl, saliendo de la cueva, siguió su camino.

También David se levantó después, y saliendo de la cueva dio voces detrás de Saúl, diciendo: ¡Mi señor el rey! Y cuando Saúl miró hacia atrás, David inclinó su rostro a tierra, e hizo reverencia. Y dijo David a Saúl: ¿Por qué oyes las palabras de los que dicen: Mira que David procura tu mal? He aquí han visto hoy tus ojos cómo Jehová te ha puesto hoy en mis manos en la cueva; y me dijeron que te matase, pero te perdoné, porque dije: No extenderé mi mano contra mi señor, porque es el ungido de Jehová. Y mira, padre mío, mira la orilla de tu manto en mi mano; porque yo corté la orilla de tu manto, y no te maté. Conoce, pues, y ve que no hay mal ni traición en mi mano, ni he pecado contra ti; sin embargo, tú andas a caza de mi vida para quitármela.

—1 Samuel 24:7-11 RVR1960

David se humilló ante el rey y su ejército. Aunque pudo haber cierta distancia entre ellos, estaban lo suficientemente cerca para hablar. El rostro inclinado es una posición muy vulnerable de humildad, no una posición de fuerza. Creo que esa es una posición de sincera confesión y arrepentimiento. Si David lo hubiera matado, se habría convertido en rey. Dios ya lo había preparado para eso. La única pregunta que quedaba era: ¿Qué tipo de rey sería y cuánto duraría su trono?

Juzgue Jehová entre tú y yo, y véngueme de ti Jehová; pero mi mano no será contra ti. Como dice el proverbio de los antiguos: De los impíos saldrá la impiedad; así que mi mano no será contra ti. ¿Tras quién ha salido el rey de Israel? ¿A quién persigues? ¿A un perro muerto? ¿A una pulga? Jehová, pues, será juez, y él juzgará entre tú y yo. El vea y sustente mi causa, y me defienda de tu mano.

—1 Samuel 24:12-15 RVR1960

No creas que la promoción siempre hará
felices a todos los que te rodean. No es así.
#nacisteparatrascender

David entendió los juicios del Señor y que Saúl había abandonado al Señor. Pero también comprendió que no podía obtener su legítima posición de rey sobre Israel mediante la autopromoción. El trono debía serle dado por Dios mismo, no obtenido como resultado de su propio arreglo.

Y aconteció que cuando David acabó de decir estas palabras a Saúl, Saúl dijo: ¿No es esta la voz tuya, hijo mío David? Y alzó Saúl su voz y lloró, y dijo a David: Más justo eres tú que yo, que me has pagado con bien, habiéndote yo pagado con mal. Tú has mostrado hoy que has hecho conmigo bien; pues no me has dado muerte, habiéndome entregado Jehová en tu mano. Porque ¿quién hallará a su enemigo, y lo dejará ir sano y salvo? Jehová te pague con bien por lo que en este día has hecho conmigo. Y ahora, como yo entiendo que tú has de reinar, y que el reino de Israel ha de ser en tu mano firme y estable, júrame, pues, ahora por Jehová, que no destruirás mi descendencia después de mí, ni borrarás mi nombre de la casa de mi padre. Entonces David juró a Saúl. Y se fue Saúl a su casa, y David y sus hombres subieron al lugar fuerte.

—1 SAMUEL 24:12-15 RVR1960

David permaneció leal en esa situación tan difícil. Saúl se enfrentó cara a cara con su propia maldad, así como también con la integridad de David. Estaba abrumado por la bondad y la devoción de David. Y aunque no tenemos registro del arrepentimiento total de Saúl, reconoció que David era apto para el puesto.

Pidió que se protegiera a sus descendientes, lo que David hizo por Mefiboset y su familia. Saúl admitió que David sería rey en lugar de su propio hijo Jonatán, que habría sido el heredero legítimo. Curiosamente, Jonatán también sabía eso y había animado a David a lograr ese fin. Trágicamente, la vida de Jonatán se truncó, luchando junto a su padre, Saúl. Jonatán sería un fascinante estudio de la lealtad, ya que estuvo con su padre, pero vivió una tierna amistad con David.

Si alguna vez hubo situaciones en las que hubiera sido difícil ser leal a la autoridad, estas dos historias encajan perfectamente. Primero, vemos a Daniel y su extraordinario corazón leal a un rey malvado, seguido de David y su corazón leal a Saúl, que era otro líder terrible. Sus ejemplos para nosotros fueron muy valiosos.

La situación de David fue en un momento en que quitarle la vida a un enemigo parecía bastante natural y fácil. Sin embargo, el corazón de David lo golpeó porque había empañado la imagen de su líder. Una cosa que tenemos que recordar es que la forma en que tratamos a otras personas es la misma en que Dios cree que lo hemos tratado. Él dice en Mateo 25:40: "De cierto os digo que en cuanto lo hicisteis a uno de estos mis hermanos más pequeños, a mí lo hicisteis". Cuando Esteban fue apedreado hasta la muerte y Dios luego se enfrentó a Pablo antes de su conversión, le preguntó: "¿Por qué me persigues?" (Hechos 9:4). Y cuando descubres la desnudez de una persona, Jesús dice: "Me lo has hecho a mí". Lo mismo cuando son calumnias y críticas.

LA LEALTAD EN LA FAMILIA DE DIOS

A diferencia de David, los cristianos todos los días mutilan a alguien con autoridad. Manchan o empañan la imagen de esa persona ante otra. Recuerdo haber enseñado estos principios en Weaverville durante varios años. Un caballero que era parte de la familia de nuestra iglesia, una vez fue dueño de una importante compañía editorial cristiana. En cierto momento, investigó sobre algunas personas y creo unos archivos sobre los pecados de los principales líderes cristianos. No creo que lo haya hecho con malas intenciones. Como muchos, quería que la iglesia fuera santa. Recuerdo, a través de los años, que traté de ministrar sobre ese tema. Supe que habíamos logrado un gran avance cuando mi amigo se me acercó y me dijo: "Agarré todos mis archivos y los destruí". Fueron años y años de trabajo.

Aunque no creo que sea correcto
ignorar los problemas, tampoco es asunto
de todos solucionarlos.
#nacisteparatrascender

La siguiente es una historia que parafrasearé de Génesis 9. Noé estaba borracho, desnudo y acostado en su cama. Uno de sus hijos lo vio, fue a buscar a su hermano y le dijo: "Papá está borracho. Está desnudo. Ven y mira. No lo vas a creer". El otro hijo se negó a verlo, pero entró en la habitación de espaldas con una manta. Se negó a mirar la desnudez de su padre y se aseguró de que este estuviera cubierto antes de él voltearse.

Aunque no creo que sea correcto ignorar los problemas, tampoco es asunto de todos solucionarlos. Debemos orar. Amar. Apoyar a aquellos que tienen que internarse en la batalla y arreglar las cosas para llevarlas a un lugar de curación y restauración.

Si conociste los años ochenta, probablemente recuerdes el fracaso moral de varios líderes ministeriales conocidos. Eso captó la atención de los medios nacionales y recuerdo que una red de noticias decidió hacer una mesa redonda con líderes cristianos que habían mantenido el respeto a través de su humildad y su comportamiento piadoso. Nunca olvidaré el comentario que hizo el presentador de la cadena de noticias. "Publicar una noticia requiere mucha investigación. Tenemos que llamar e investigar mucho para obtener información. Nos cuesta bastante tiempo investigar para obtener una buena historia. Pero en el caso de estos escándalos, fueron ustedes los que nos llamaron". Eso se sintió como un puñetazo en el estómago. La iglesia se había echado sobre sí misma. Y lo hicimos frente al mundo, para nuestra vergüenza.

Es interesante ver que muchas enfermedades que han pasado a primer plano son aquellas en las que el cuerpo humano se vuelve contra sí mismo. Quizás le hemos dado permiso a la enfermedad para reflejar la condición de la iglesia.

LÍDERES SALUDABLES

La promoción tiene que ver con un aumento de influencia y responsabilidad. El liderazgo siempre es así. Es una cuestión del corazón. Dios se preocupa por el carácter del líder, ahí es donde pone la unción. Por eso, todos podemos llegar tan lejos como se nos pueda confiar la autoridad.

Este concepto era tan radical en el Nuevo Testamento que Pablo lo expresó de la siguiente manera: "Someteos unos a otros en el temor de Dios" (Efesios 5:21 RVR1960). En otras palabras, honra a la próxima persona que veas con tu humilde corazón sumiso de la misma manera que lo harías con Jesús. Desarrollar el sistema de valores de él nos posiciona para trascender. Eso es lo que nos posiciona para cumplir nuestro propósito en la vida: ser bendecidos para que podamos ser una bendición.

CAPÍTULO 8

LOS VIENTOS ADVERSOS INVITAN

M is padres vivían en Santa Cruz, California. Cada año, nuestra familia se tomaba de siete a diez días de nuestras vacaciones y los pasaba en esa comunidad costera. Siempre nos quedamos con mamá y papá, refiriéndonos a su hogar como el Johnson Hilton. Les encantaba tenernos allí y se aseguraban de que comiéramos bien. Estos son algunos de nuestros mejores recuerdos familiares.

Esa parte de California tiene un sol ardiente aunque también una brisa fresca del océano. Siempre me gustó esa combinación. Nuestra familia tiene un amor especial por el mar. También amábamos las diversas actividades en la vida marina: los puertos, los muelles y las playas. Pasamos muchos días disfrutando de esa parte de nuestro hermoso estado.

Las vacaciones año tras año eran en el mismo lugar, lo cual nos brindaba la oportunidad de desarrollar salidas familiares tradicionales. Además de las horas en la playa y el malecón, nos encantaba salir a comer. Uno de nuestros restaurantes favoritos se llamaba Crow's Nest. Era en la playa, o debería decir más exactamente, *dentro* de la playa. La arena subía hasta las ventanas. Estaba ubicado a un tiro de piedra del agua, así como al lado de un puerto lleno de barcos. La noche del miércoles era la favorita nuestra para comer ahí porque esa noche se llevaba a cabo la regata de veleros. Decenas de veleros pasaban por nuestra ventana para entrar al mar en esa gala. Era un espectáculo radiante ver las hermosas velas y las admirables habilidades empleadas por aquellos que navegaban en esas naves.

FASCINACIÓN Y LÓGICA

Admito que no soy marinero. Solo he navegado dos veces en mi vida. Una vez fue con brisas muy tranquilas y serenas en un lago. Era el tipo de navegación que podía inspirar a uno a escribir una pieza de música clásica. La segunda vez fue bastante diferente. Fue en el océano en Santa Cruz con un buen amigo. Fue divertido, pero también muy aleccionador, especialmente cuando no sabes lo que estás haciendo. Lo disfruté, pero también me alegró mucho volver al muelle.

En esa segunda excursión, comencé a aprender una de las cosas más contradictorias que jamás haya escuchado: se puede navegar en un bote contra el viento. Sé que solo le parecerá ilógico a quien desconozca las leyes de la navegación. Puedes navegar contra el viento. Asombroso.

A veces puedes saber adónde se supone que
debes ir en la vida al reconocer de dónde viene
la oposición. #nacisteparatrascender

Me encanta cómo creó Dios las cosas para explorarlas. La curiosidad y la fascinación nos invitan a descubrir las leyes de su creación. Me pregunto quién fue el primer marinero que descubrió que si manejaba correctamente la vela y el timón, podía ir a donde el viento no parecía querer que iba. Hay un paralelismo espiritual con esto: muchas veces nuestros destinos están al otro lado de los vientos adversos.

Mi amigo y socio, Kris Vallotton, lo expresa de esta manera: "Los perros de la fatalidad ladran a las puertas de tu destino".

Puede parecer extraño verlo de esta manera, pero a veces puedes saber adónde se supone que debes ir en la vida al reconocer de dónde viene la oposición. Creo que el enemigo teme que nos convirtamos en todo lo que Dios quiere que seamos, por lo que espera que la adversidad nos impida perseguir nuestro propósito más plenamente.

El término náutico para este fenómeno se llama *virar*. Con el uso adecuado de la vela y el timón, se puede navegar contra el viento. Piénsalo. Podemos avanzar contra los vientos dominantes hacia los lugares a los que anhelamos ir. En mi forma de pensar, la vela es la actitud del corazón y el timón es nuestra lengua. Manejar mi corazón y mi confesión es de gran ayuda para asegurar que entre en mi propósito, o mi significado, de manera más completa.

PIEDRAS DE TROPIEZO O PELDAÑOS EN EL CAMINO

Cada uno de nosotros debe enfrentar experiencias difíciles en la vida. Son comunes pero desagradables. Algunas son severas y dolorosas, otras son simplemente molestas. De cualquier manera, cada una nos brinda la oportunidad de crecer. Ellas constituyen los escenarios en los que se tropieza o se avanza. Sin embargo, las circunstancias no determinan el resultado. Lo determinas tú. La posición de tu corazón ante Dios es lo que determina si tu problema es el lugar dónde caer o es un trampolín que te lance al futuro diseñado para ti.

Navegar en tiempos dificultosos es más arduo cuando perdemos de vista la bondad y la fidelidad de Dios. Él es nuestra confianza, nuestra seguridad y nuestra gloria. Él es el que nos ha prometido que hará que todas las cosas trabajen para nuestro bien y para su gloria. Así como no todos los ingredientes de una receta saben bien, no podemos disfrutar de todos los aspectos de nuestra vida. Sin embargo, el maestro de cocina puede tomar las cosas que no nos gustan mucho y ayudarlas a acoplarse a la receta general de una vida que testifica de su bondad y su gracia. Las cosas difíciles también revelan a quién pertenecemos.

La posición de tu corazón ante Dios es lo que determina si
tu problema es el lugar dónde caer o es un trampolín que
te lance al futuro diseñado para ti. #nacisteparatrascender

El crecimiento que viene con esas experiencias es lo que te
prepara para la trascendencia, la promoción y la recepción de
tu herencia. Cada experiencia desafiante es una invitación a tu
futuro. A continuación, presentamos algunas que son comunes
a todos:

La decepción

Si no sé cómo manejar bien la decepción, no se me pueden confiar los sueños cumplidos que Dios anhela que experimente. Esa
es una prueba desafiante. Muchos han perdido la capacidad de
soñar debido al efecto de la decepción en sus corazones. Parece
más fácil no soñar que afrontar la decepción de nuevo. Y, sin
embargo, le debemos mucho al corazón ya que puede soñar.

Este obstáculo es necesario para aquellos que anhelan conocer el significado para el que nacieron, ya que el peso de las oraciones contestadas se vuelve demasiado glorioso para manejar
en esa condición débil del corazón. La fortaleza del corazón se
mide en nuestra entrega a la gracia divina que obra en nosotros.

Cuando el corazón es puro y valiente, la capacidad de soñar
sigue siendo fuerte. La oposición fortalece nuestra determinación de cumplir con nuestro propósito. Fuimos diseñados para
soñar y hacerlo en grande. Ese es el proceso de la promoción. Y
tal es el descubrimiento de nuestra posición de colaboradores
de Dios.

La pérdida

Si no puedo lidiar con la pérdida de una manera redentora, no
se me puede confiar la ganancia que Dios se ha propuesto para

mi vida. Mantener la confianza en nuestro Padre, que siempre tiene la última palabra, es vital para navegar por esos momentos. La pérdida es una semilla que cae al suelo y muere. No debemos desperdiciar nuestras pérdidas, ya que cada una de ellas tiene el potencial de producir frutos para su gloria y nuestra fuerza. Si desperdicio mis pérdidas a través de la amargura, la ira y el retraimiento, habré desperdiciado la parte más preciosa de mi vida en Cristo: la muerte de un sueño que lleva a una resurrección. Si plantamos nuestras pérdidas en el cuidado de un Padre amoroso él, a su vez, hace que produzcan frutos en una escala que nunca podríamos lograr por nuestro esfuerzo. Dar gracias en medio de esas pruebas es parte de lo que me mantiene consciente de su amoroso cuidado.

Aunque yo sea inestable en las estaciones, él es la roca. Regresar a su bondad inflexible es el lugar seguro y definitivo desde el cual abordar cualquier problema. Entender que ningún asunto lo agarra desprevenido es reconfortante cuando nos enfrentamos a lo que parece imposible.

Considera que él es glorificado por nuestras promociones, de la misma manera que tú y yo somos honrados por los éxitos del reino de nuestros hijos. "¡Porque tu descendencia tendrá influencia y honra para prevalecer en tu nombre!" (Salmos 127:5, paráfrasis del autor). Me beneficio espiritualmente de todos los éxitos de mis hijos. Algo funciona a mi favor cada vez que se vuelven más semejantes a Cristo. Al llegar al lugar de nuestro destino, lo revelamos como Padre. Como un buen padre.

El rechazo

Si no puedo manejar el rechazo con gracia y amabilidad, no podré disfrutar del nivel de aceptación que Dios tiene reservado para mí. Estos desafíos ayudan a purificar el alma para que las bendiciones no nos destruyan. De hecho, todas las disciplinas de Dios son para que sus bendiciones no nos eliminen.

Sé que todos pensamos que podemos manejar bien las bendiciones, deseándolas como lo hacemos. Pero sin corazones refinados a través de la prueba, la bendición crea derechos. Es solo a través de la humildad y el agradecimiento que la bendición nos da poder para la rectitud, en vez de conducirnos al egocentrismo. Israel es un excelente ejemplo de eso en el Antiguo Testamento. Siempre que engordaban con la bendición, se descuidaban en la devoción. Este es realmente el desafío del momento en que vivimos y el único propósito de este libro. Para ir a donde debemos, para vivir plenamente la relevancia para la que nacimos, debemos ser capaces de llevar la gloria del favor de Dios sin ensimismarnos. Debemos aprender a hacer esto para la gloria de Dios.

Es vital aprender a navegar en la vida conscientes de que algunos nos han rechazado y está bien. El rechazo a menudo revela cuánto dependemos de la aprobación de los demás para valorar nuestra autoestima. Trae esas cosas a la superficie. No es así que cargamos con la vergüenza, sino que vemos la debilidad de nuestra posición y nos movemos hacia un terreno estable, que se basa en cómo piensa Dios de nosotros. Siempre que la inseguridad se expone, emergen los temores y las dudas. La inseguridad plantea una invitación al cambio.

Ser capaz de manejar bien el rechazo no significa que me vuelva insensible a los sentimientos de los demás. Significa que reconozco mi necesidad de escuchar y ver desde la perspectiva de Dios. Esa debe ser la base de mi identidad.

La crítica

Si no puedo manejar mi corazón con nobleza y gracia en los tiempos de críticas, nunca podré soportar los elogios que él quiera enviarme.

A nadie le gusta que lo critiquen y, a menudo, lo que se dice es absolutamente cruel. Gracias a las redes sociales, dudo que haya habido un momento en el que las críticas hayan sido más prolíficas que ahora. Y, sin embargo, incluso aquí, encontramos que Dios puede tomar algo deshonroso y destructivo y convertirlo en un momento de promoción. (Existe una gran diferencia entre las críticas recibidas de un amigo y las de un total extraño en los medios. Como una forma de proteger tu corazón, mantente alejado de los comentarios destructivos).

Una vez le agradecí a una persona muy conocida por oponerse a mí en el ministerio al escribir en mi contra en un libro. No es que sintiera que tenía razón. En mi opinión, no estaba ni cerca. Tampoco pensé que agregaría perspicacia o fortaleza al cuerpo de Cristo. Pero me dio la oportunidad de crecer y se lo agradecí. Los vientos adversos que creó me dieron la oportunidad de tratar con mi corazón y mi habla de una manera que me llevaría más cerca de donde Dios quiere que esté. He pronunciado grandes oraciones. Todas ellas requieren un gran carácter y estabilidad para recibir y gestionar bien el resultado. Su libro me dio una maravillosa oportunidad de hacer precisamente eso.

Si no vivo de las alabanzas de los hombres, no moriré de sus críticas. #nacisteparatrascender

---

Jesús fue criticado y fue perfecto. ¿Cómo puedo esperar vivir ileso de las críticas cuando estoy tan lejos de ser perfecto? Es una expectativa irrazonable, a menos que, por supuesto, no hagas nada con tu vida. Aquellos que no hacen nada ofenden a pocos.

Algunos podrían cuestionar mi afirmación de que Dios quiere que seamos alabados. Debido a que nuestro uso de la palabra alabanza suele ser algo que se hace en un servicio de adoración, es un concepto más difícil de comprender. Sabemos que Dios ciertamente no nos está preparando para ser adorados. Y, sin embargo, es él quien dirá: "Bien, buen siervo y fiel". Eso es un elogio. Otro término que podríamos usar aquí es la palabra honra. Dios desea que seamos honrados cuando somos honorables.

La honra otorgada a los que son honorables es justicia divina. Es el reconocimiento de la obra de su gracia en una persona y responder en consecuencia. Y, sin embargo, es el miedo al hombre lo que hace que la gente busque las alabanzas de los hombres. Si no vivo de las alabanzas de los hombres, no moriré de sus críticas. El miedo al hombre es una de las formas más fuertes de socavar una vida de fe. Contamina el corazón, que es la sede de la fe. "¿Cómo podéis vosotros creer, pues recibís gloria los unos de los otros, y no buscáis la gloria que viene del Dios único?" (Juan 5:44 RVR1960). La fe puede soportar grandes críticas porque está exenta del temor al hombre.

La traición

La traición es probablemente el más difícil de los cinco desafíos que he enumerado que nos forjarán o nos quebrantarán. Si no lidio bien con la traición, no se me puede confiar la profundidad de las amistades leales que Dios ha diseñado para mí. Estamos diseñados para la comunidad. Fuimos hechos para pertenecer a ella.

Si bien no creo que Dios cause la traición,
Él es lo suficientemente grande como para usarla.
#nacisteparatrascender

No necesitamos mirar más allá de la vida de Jesús con el último traidor, Judas Iscariote, para aprender cómo funciona ese proceso. Hay que recordar que Jesús puso a Judas a cargo del tesoro, sabiendo que tenía una debilidad. ¿Fue eso para avergonzarlo o para darle la oportunidad de abordar la debilidad de su propio corazón? Por supuesto, creo esto último. Jesús lavó los pies de todos los discípulos, incluido el de Judas. Incluso aquellos con la posibilidad de convertirse en traidores en su corazón deben tener la oportunidad de cambiar. El siguiente es el relato de esa noche.

> Porque yo recibí del Señor lo que también os he enseñado: Que *el Señor Jesús, la noche que fue entregado*, tomó pan; y habiendo dado gracias, lo partió, y dijo: Tomad, comed; esto es mi cuerpo que por vosotros es partido; haced esto en memoria de mí. Asimismo, tomó también la copa, después de haber cenado, diciendo: Esta copa es el nuevo pacto en mi sangre; haced esto todas las veces que la bebiereis, en memoria de mí. Así, pues, todas las veces que comiereis este pan, y bebiereis esta copa, la muerte del Señor anunciáis hasta que él venga.
>
> —1 Corintios 11:23-26

Esta es una de las declaraciones más asombrosas de todas las Escrituras. "La noche en que fue entregado o traicionado", él pensó y actuó por el bien de los demás cuando hubiera sido fácil servirse a sí mismo. Usó la traición, incluso cuando se estaba concibiendo en el corazón del traidor, para hacer avanzar a sus discípulos hacia sus destinos y sus propósitos. Esa banda de hermanos se estaba forjando en el vínculo definitivo a través de esa noche oscura del alma, marcada por la traición de un amigo de confianza.

Nota que ninguno de los otros discípulos se dio cuenta de que Judas era el traidor, incluso mientras estaba sucediendo la traición. Todos le preguntaron a Jesús: "¿Soy yo?". La traición casi siempre es inesperada. Eso es lo que la hace tan dolorosa. Y, sin embargo, aunque no creo que Dios cause traición, él es lo suficientemente grande como para usarla. Y si Jesús pudo beneficiarse de tal injusticia, yo también puedo.

Es imperativo que aprendamos a abrazar las partes buenas, malas y feas de nuestra travesía, con confianza en nuestro corazón en el único que es capaz de convertir esos ingredientes en la obra maestra que tiene en su corazón para nosotros.

LA INVITACIÓN

Cada uno de esos desafíos es una invitación a la promoción. Podemos confirmar nuestra asistencia adoptando un estilo de vida basado en la confianza, negándonos a sentir amargura por aquellos que causan ese ataque a nuestras vidas. Manejar bien nuestro corazón es un desafío diario. La mayoría de las promesas de Dios están conectadas con nuestro éxito en cuanto a administrar correctamente nuestro mundo interior.

Una de las Escrituras más citadas es Efesios 3:20. Míralo aquí: "Y a aquel que es poderoso para hacer todas las cosas mucho más abundantemente de lo que pedimos o entendemos, según el poder que actúa en nosotros". Considera la siguiente paráfrasis, *mucho más abundantemente más allá de todo lo que pedimos o pensamos*. Pablo usa esta descripción extrema por una buena razón. Más allá de todo lo que pedimos es el alcance de nuestras vidas de oración en nuestro mejor día. Y más allá de todo lo que pensamos está el alcance de nuestra imaginación, también en nuestro mejor día. Ahí es donde habita Dios: ¡más allá!

Y esas dos promesas son nuestras, con una condición. Es de acuerdo con su poder obrando en nosotros. En la medida en que le permita obrar profundamente en mí, obrará más allá del alcance de mis oraciones e imaginación.

Manejar bien nuestro corazón es un desafío diario. La mayoría de las promesas de Dios están conectadas con nuestro éxito en cuanto a administrar correctamente nuestro mundo interior. #nacisteparatrascender

---

Insisto, nos encontramos cara a cara con esta realidad. Nuestro mundo interior tiene un efecto en la transformación de nuestro mundo exterior. Todos queremos ver la transformación de nuestras ciudades y naciones. Pero, en realidad, todo se reduce a esto: una mente transformada transforma a una persona. Una persona transformada transforma una ciudad. Y una ciudad transformada transforma una nación. La semilla que crece en la transformación del mundo comienza en el corazón del creyente que dice sí a los propósitos de Dios, pase lo que pase.

Debemos tomar la determinación de usar bien nuestras experiencias negativas para que se conviertan en semillas de nuestro futuro resucitado.

No diría nunca que aquellos que han tomado decisiones equivocadas con respecto a estos desafíos para sus vidas no son valiosos o no son buenas personas. Es solo que el tipo de sueños que todos tenemos y las oraciones que todos pronunciamos requieren de un carácter profundo. El carácter es el recipiente de la bendición. Un recipiente débil pierde lo que se vierte en su interior. "La herencia de fácil comienzo no tendrá un final feliz" (Proverbios 20:21).

Demasiado pronto es una derrota segura. Rara vez nuestro carácter y madurez están donde deben estar para sobrevivir a las bendiciones que le hemos pedido a Dios. Por eso necesitamos disciplina y la oportunidad de aprender a orar de manera persistente. La oración tenaz no es para cambiar la opinión de Dios sobre un asunto. De hecho, somos nosotros los que cambiamos en la postura de la oración persistente. La oración duradera precede a nuestras promociones más importantes en la vida.

A veces, nuestros avances nos son proporcionados de acuerdo a lo que nos hemos convertido en nuestro mundo interior. Algunos pueden pensar automáticamente que quiero decir que esto siempre lleva años. No necesariamente. Las oraciones perseverantes, radicales y apasionadas transforman nuestras vidas. Y lo que normalmente puede llevar años dar forma a nuestro mundo interior, toma una breve temporada una vez que hemos entrado en el lugar del encuentro profundo con Dios.

Nuestro mundo interior está formado por nuestros valores, deseos, pensamientos e intenciones. La forma en que nos manejamos durante las situaciones más desafiantes a menudo determina la medida de avance y satisfacción que podemos manejar en la vida sin pensar en nosotros mismos de una manera enfermiza y poco cristiana. En su misericordia, él se guarda las respuestas que nos aplastarían, optando —en cambio— por llevarnos a trascender a través del camino de la cruz. Te recuerdo, la resurrección siempre es después de la cruz. La trascendencia solo puede descubrirse a su manera, siguiendo su ejemplo.

CAPÍTULO 9

LA PURIFICACIÓN A TRAVÉS DE LA DIFICULTAD

E l tema de la promoción es común en el lugar de trabajo promedio. Pasamos de un puesto de responsabilidad a otro. Una mayor autoridad responsabilidad e ingresos suelen acompañar a las promociones. Los ascensos en el campo corporativo son algo lógicos en la forma de funcionar. Y aunque no quiero decir que las promociones en el reino sean ilógicas, a veces parecen así.

En este capítulo, veremos las formas inusuales en que Dios promovió a los suyos, convirtiendo a la gente común en transformadores del mundo. Y aunque no todos en nuestros días reciben un título, todos debemos pertenecer y debemos saber que nuestras vidas tienen significado.

Uno de esos pasajes donde eso es evidente es 2 Samuel 7:8 (RVR1960), que dice: "Ahora, pues, dirás así a mi siervo David: Así ha dicho Jehová de los ejércitos: Yo te tomé del redil, de detrás de las ovejas, para que fueses príncipe sobre mi pueblo, sobre Israel". *¿Recuerdas nuestra discusión en el primer capítulo sobre las dicotomías en el reino de Dios? Encontramos estas cualidades aparentemente contradictorias de nuevo en esta historia.* Cuando Dios buscaba un buen líder, quería a alguien que fuera un buen seguidor. David siguió a sus ovejas y eso lo capacitó para esa tarea. Por supuesto, hay más en la historia y mucho más en la formación de este gran líder. Pero esta única cosa era digna del énfasis de Dios en las Escrituras.

Encontrar a alguien que se sienta movido por las necesidades de los demás significa que el liderazgo no se basará simplemente en lo que hemos aprendido. El verdadero liderazgo nace del corazón. Liderar con el corazón es el desafío del día. La capacidad de David de moverse para proveer, servir y atender las necesidades de las ovejas es, en parte, lo que lo calificó para ser rey de Israel.

Cabe señalar en este punto que la promoción no tiene que ver con ser elevado a posiciones en las que la persona se ensimisme. Esos ascensos siempre implican un incremento de responsabilidad. A partir de este momento, usaré palabras como *promoción, bendición, favor, aumento* y *liderazgo de manera intercambiable,* ya que enfatizan diferentes aspectos de la trascendencia.

DEJA EL DRAMA

El alcance de la influencia y el liderazgo de una persona a menudo se puede medir por lo que basta para ofenderla. Aunque no me gusta cuando la gente usa esta excusa para ser grosera y ruda, el punto sigue siendo valedero. Los verdaderos líderes, aquellos que han aceptado bien su promoción, no se ofenden con facilidad. Pero aquellos que viven exigiendo derechos a través de su promoción a menudo expresan su drama cuando las cosas no salen como ellos quieren.

Has escuchado la frase *reina del drama.* A menudo, cuando las personas se vuelven ricas y famosas, se vuelven demasiado dramáticas ante los más mínimos errores de la vida. Las personas conocen el placer en toda su amplitud y pueden detectar fácilmente cuando alguien encaja en su estilo de vida. Se indignan por un bistec mal cocinado o por la más mínima diferencia de tono en una habitación que se está pintando. Me gusta la excelencia y me esfuerzo por lograrla en todo lo posible. Pero la excelencia no requiere que sacrifiquemos la dignidad de otra persona para obtener lo que queremos.

LOS INSULTOS A JESÚS

Muchas historias son difíciles de explicar. Nos encanta poner a Jesús en una situación predecible en la que tengamos cierta medida de participación y comprensión. Pero él parece destruir esos conceptos con bastante rapidez, lo cual captamos con una simple mirada a los evangelios. Veamos una de esas historias.

La excelencia no requiere que sacrifiquemos la dignidad de otra persona para obtener lo que queremos. #nacisteparatrascender

---

Una mujer que no era judía acudió a Jesús en busca de un milagro. Su hija estaba atormentada y enferma, por lo que tenía mucha necesidad de ser liberada. Cuando la madre se acercó a Jesús, él no quiso orar por su pequeña.

Porque una mujer, cuya hija tenía un espíritu inmundo, luego que oyó de él, vino y se postró a sus pies. La mujer era griega, y sirofenicia de nación; y le rogaba que echase fuera de su hija al demonio. Pero Jesús le dijo: Deja primero que se sacien los hijos, porque no está bien tomar el pan de los hijos y echarlo a los perrillos. Respondió ella y le dijo: Sí, Señor; pero aun los perrillos, debajo de la mesa, comen de las migajas de los hijos. Entonces le dijo: Por esta palabra, ve; el demonio ha salido de tu hija. Y cuando llegó ella a su casa, halló que el demonio había salido, y a la hija acostada en la cama.

—Marcos 7:25-30 RVR1960

En primer lugar, dice que "le rogaba", lo que implica que él la ignoró por un momento. Luego respondió de una manera que parecería inapropiada según nuestros estándares. Si esta historia sucediera hoy, habría indignación por sus comentarios aparentemente racistas. En apariencia, prefería su raza antes que la de ella. A la que llamó *perros*. Realmente no ayuda mucho que la palabra *perros* se pueda traducir como *cachorros*. Las iglesias se han dividido por menos.

El reino de Dios a menudo está al otro lado
de la ofensa. #nacisteparatrascender

Por supuesto, ahora entendemos que Jesús tuvo que cumplir su misión al ministrar a los judíos primero, pero eso fue después de ese hecho. ¿Cómo fue esa experiencia? Y los apodos ¿acaso eran parte necesaria de aquella jornada? Creo que sí.

Dios nos prepara para el ascenso al ver con qué grado de rechazo podemos lidiar. La fortaleza para acarrear la promoción queda demostrada por la forma en que respondemos al rechazo y la acusación. Si mi fuerza es cuestionable en esa fase, mi aumento se medirá en consecuencia.

La mujer sirofenicia necesitaba un obstáculo que superar para poder irrumpir en la realidad del reino y conseguir el milagro de su hija. El reino de Dios a menudo está al otro lado de la ofensa. Saltar ese obstáculo la llevó al reino de los milagros. Pasó con éxito esa prueba, mostrando su determinación a no ser ofendida por el bien de su hija. Y esa era una perspectiva de reino que venía de alguien que aparentemente no calificaba, ya que no era judía. Su respuesta provenía de la percepción que tenía de la naturaleza y el proceso de Jesús. Eso la posicionó para un gran avance.

EL PELIGRO DE LA FATIGA

Elías estaba cansado y un poco desanimado. Había tenido el avance más significativo de todo su ministerio profético. Fue un acontecimiento espectacular, en el que descendió fuego del cielo, consumiendo su sacrificio, probándole a toda la nación que

Dios era verdaderamente Dios y Elías su profeta. Eso culminó con el asesinato de 850 adoradores del diablo endemoniados que habían contaminado a toda una nación con sus dioses falsos. (Ver 1 Reyes 18). A ese día triunfante le siguió la noticia de que Jezabel había prometido matar a Elías. (Ver 1 Reyes 19:2). Así que se desesperó a causa de un rumor. Es difícil imaginar el valor que se necesitó para salir victorioso en la experiencia del Monte Carmelo con los falsos profetas. Sin duda, la fatiga tuvo un efecto en su percepción de lo que sucedió a continuación.

Sabemos que la presión, las pruebas y los conflictos pueden agotarnos emocionalmente. Pero también es cierto que los altibajos emocionales imponen una demanda en nuestro mundo interior que no siempre reconocemos. Muchos grandes ministros han cometido sus peores errores después de sus avances más importantes en el ministerio. Tal vez sea porque nos sentimos tentados a descuidarnos cuando la bendición de Dios está sobre nosotros con tanta abundancia. Elías estaba en esa misma posición. Ahora quería morir.

Pese a ello, Elías escapó al desierto donde tuvo un encuentro con un ángel. Este le preparó un par de comidas, lo que le permitió viajar una gran distancia hasta una cueva. El Señor le habló de manera única a través de una voz suave y apacible. Pero todavía estaba muy desanimado. Como resultado de esa interacción, Dios le dijo a quién ungir para tomar su lugar. Eso significaba que Elías tendría a alguien con quien trabajar durante una temporada. Esa asociación le permitiría recuperar la fuerza que había perdido en la última temporada. Es vital para nosotros ver y entender cómo las conexiones que Dios concede fortalecen nuestras vidas.

ELÍAS ELIGE Y RECHAZA A ELISEO

Elías hace lo que el Señor le indica que haga con ese joven. Pero agrega un giro único, como se registra en 1 Reyes 19:19-20.

Partiendo él de allí, halló a Eliseo hijo de Safat, que araba con doce yuntas delante de sí, y él tenía la última. Y pasando Elías por delante de él, echó sobre él su manto. Entonces dejando él los bueyes, vino corriendo en pos de Elías, y dijo: Te ruego que me dejes besar a mi padre y a mi madre, y luego te seguiré. Y él le dijo: Ve, vuelve; ¿qué te he hecho yo? Elías realizó el acto más codiciado por este joven Eliseo. Le arrojó su manto, que representaba su llamado y su ministerio. Cuando Eliseo respondió con su gran sí, Elías respondió con: "Vuelve de nuevo, porque ¿qué te he hecho?".

Elías lo eligió echando su manto sobre sus hombros. Pero luego restó importancia a su acción como sin sentido. Para que Eliseo llevara ese manto, tenía que estar más preocupado porque Dios lo eligiera a él que por Elías. El miedo al hombre, incluso a un gran hombre o mujer, puede ser una trampa para quienes representan al Rey y su reino.

El joven ignoró la respuesta del profeta, sabiendo que lo que acababa de suceder venía de Dios, y nadie podría apartarlo de su llamado y su destino. Respondió quemando el puente a su pasado; sacrificó su yugo de bueyes (su empleo) y le dio la carne al pueblo. Luego se levantó y siguió al hombre de Dios y le sirvió bien.

Eliseo pasó la primera prueba. Ahora Elías estaba seguro de que podría lidiar con la presión de su posición, al menos en cierta medida. Pero hubo más.

DISTRAÍDOS POR LA PROMOCIÓN

Eliseo sirvió bien y se hizo conocido como el que lavó las manos de Elías. Había muchos profetas jóvenes en ese tiempo y parece que todos hubieran hecho cualquier cosa para estar en la posición de Eliseo. Ser sirviente bajo las órdenes de Elías era mejor que ser el amo en otro lugar. Y Eliseo sabía eso. Pero la gran prueba vendría después.

A medida que avanzamos rápidamente hacia el día en que Elías iba a morir, todos los profetas estaban conscientes de eso. Las comunidades proféticas son así. Es difícil mantener un secreto. Hemos descubierto que eso es cierto en nuestra propia comunidad, lo cual es a la vez frustrante y divertido.

A veces nos conformamos con lo inferior en nuestros esfuerzos por sentirnos importantes. Es no es malo; simplemente, no es lo mejor. #nacisteparatrascender

---

La siguiente prueba fue la mejor porque era una prueba para promoverlo. Si Eliseo se hubiera conformado con cualquiera de las oportunidades que Elías le estaba brindando, nunca habría alcanzado su potencial. Primero, Elías lo llevó a Gilgal. Si se hubiera quedado allí, habría tenido un gran ministerio como sucesor de Elías. Lo mismo sucedió cuando fueron a Betel y luego a Jericó. Cada uno de esos lugares representaba un ascenso en posición y estatus. Pero el corazón de Eliseo ansiaba algo diferente. Así que finalmente pasaron por el río Jordán hasta su lugar de destino.

Observa que fue solo después de que Eliseo rechazó esas oportunidades —para establecer su propio ministerio bien reconocido en esos lugares— que Elías le preguntó qué quería. A veces nos conformamos con lo inferior en nuestros esfuerzos por sentirnos importantes. Es no es malo; simplemente, no es lo *mejor*. En la historia de Eliseo, se nos recuerda que debemos seguir la pasión que Dios nos da más allá de cualquier duda razonable.

VE POR LO MEJOR O VETE A CASA

Eliseo ya ha probado su humilde corazón al servir al profeta. También ha revelado su resistencia a temer al hombre en su llamado inicial. Así que, cuando Elías plantea esta pregunta final, vemos lo que ha estado creciendo en su corazón todos estos años. ¡El amor por lo doble! "¡Quiero una doble porción de tu espíritu!" (Ver 2 Reyes 2:9). Elías se apresuró a señalar que esa petición era difícil. Ahora se enfrentaría a la prueba más inusual. Eliseo tenía que ver a Elías cuando fuera llevado al cielo. Entonces recibiría lo que pidió. De lo contrario, no calificaba para la promoción.

En la historia de Eliseo, se nos recuerda
que debemos seguir la pasión que Dios nos
da más allá de cualquier duda razonable.
#nacisteparatrascender

Descubrí que saber que estás pasando una prueba, te hace enfrentarla más fácil que cuando no lo sabes. Todas esas pruebas son como los exámenes a "libro abierto". Por ejemplo, cuando se le ordenó al rey que golpeara el suelo con las flechas, él no sabía que su pasión estaba siendo probada. Solo pensó que era una cuestión de obediencia.

> Y le volvió a decir: Toma las saetas. Y luego que el rey de Israel las hubo tomado, le dijo: Golpea la tierra. Y él la golpeó tres veces, y se detuvo. Entonces el varón de Dios, enojado contra él, le dijo: Al dar cinco o seis golpes, hubieras derrotado a Siria hasta no quedar ninguno; pero ahora solo tres veces derrotarás a Siria.
>
> —2 Reyes 13:18-19

Cuando el rey golpeó el suelo tres veces solamente, el profeta se enojó. Continuó explicando que ahora solo tendrían tres victorias temporales debido a su falta de celo. Pero si hubiera golpeado el suelo cinco o seis veces, habrían aniquilado a su enemigo. Si el rey se hubiera percatado de que estaba siendo probado, le habría resultado fácil enfrentar la prueba con pasión y golpear el suelo cien veces, si era necesario. Pero la prueba terminó. El grado de su pasión fue revelado.

Ahora era el turno de Eliseo. Su única tarea parece bastante simple, excepto por una cosa. Dios era el que imponía la prueba. Y él siempre busca respuestas que revelen lo que hay el corazón. Busca pureza, pasión y concentración. Que empiece el juego.

Y aconteció que yendo ellos y hablando, he aquí un carro de fuego con caballos de fuego apartó a los dos; y Elías subió al cielo en un torbellino. Viéndolo Eliseo, clamaba: ¡Padre mío, padre mío, carro de Israel y su gente de a caballo! Y nunca más le vio; y tomando sus vestidos, los rompió en dos partes. Alzó luego el manto de Elías que se le había caído, y volvió, y se paró a la orilla del Jordán. Y tomando el manto de Elías que se le había caído, golpeó las aguas, y dijo: ¿Dónde está Jehová, el Dios de Elías? Y así que hubo golpeado del mismo modo las aguas, se apartaron a uno y a otro lado, y pasó Eliseo.

—2 Reyes 2:11-14 RVR1960

Tal vez hayas escuchado un sermón o el antiguo himno acerca de que Elías fue llevado al cielo en un carro de fuego. Pero eso no fue así. Fue llevado por un torbellino. ¿De qué se trataban el carro de fuego y los caballos? Eran distracciones sobrenaturales enviadas por Dios para ver si Eliseo mantendría el enfoque en su asignación, que era ver a Elías cuando fuera tomado.

Si no podía pasar la prueba, aún sería el aparente heredero de Elías. Sería el profeta más respetado del momento. Pero la doble porción que deseaba no sería suya. El nivel de unción que estaba pidiendo Eliseo sería afectado si se distraía con otras actividades que Dios le presentaba aparte de su asignación. Una cosa es sobrevivir a las distracciones de la carne y el pecado. Otra muy distinta es someterse a algo tan glorioso como las alternativas que Dios ponía ante él. Pero como esa no era su tarea, tuvo que luchar para mantener su enfoque. Y lo hizo. El resto es historia. Eliseo recogió el manto que cayó del cielo y golpeó las aguas como lo había hecho Elías, preguntando: "¿Dónde está el Dios de Elías?". Las aguas se separaron. Eliseo descubrió dónde estaba el Dios de Elías. Ahora estaba con él. Eliseo acababa de recibir la promoción más significativa de cualquier profeta en la historia y realizó, exactamente, el doble de los milagros que su padre Elías, el prototipo del profeta supremo, Juan el Bautista.

A Eliseo se le dieron dos obstáculos inusuales: el rechazo y la promoción, para que pudiera entrar en esa maravillosa posición de sin igual trascendencia. La pasión por la doble porción no provenía de una palabra profética que se le dio cuando se colocó el manto sobre sus hombros. Ese deseo se cumplió porque estaba ardiendo por dentro desde antes. Por supuesto, fue Dios quien se lo dio. Pero llevó ese fuego fielmente hasta su cumplimiento, lo cual es raro y costoso. Eliseo tuvo éxito donde pocos lo consiguen.

CAPÍTULO 10

LA PUERTA TRASERA DEL SALÓN DEL TRONO

L a promoción nos conecta con nuestro propósito y casi siempre nos lleva a una mayor influencia. Y aunque puede que desees o no un papel de liderazgo, en esencia, eso es lo que está en juego. No todas las posiciones de liderazgo tienen título. Pero el liderazgo implica influencia, que las decisiones que tomas afectan a los demás y que la gente sigue tu ejemplo y tus instrucciones.

David es un maravilloso caso de estudio para este proceso. Su vida nos proporciona una brillante hoja de ruta para la promoción en un sentido bíblico, y sus fracasos nos dan una idea de los peligros que implica el incremento de responsabilidades.

No todas las posiciones de liderazgo tienen título. Pero el liderazgo implica influencia, que las decisiones que tomas afectan a los demás y que la gente sigue tu ejemplo y tus instrucciones. #nacisteparatrascender

DAVID NO FUE CONTADO

David no estaba incluido en la lista de los hijos que su padre hizo para que fueran bendecidos por el profeta Samuel. Eso me recuerda un poco al niño cuyo almuerzo se usó para alimentar a una multitud, en Juan 6. Dice que había cinco mil hombres. Aquel día no contaron a las mujeres ni a los niños. El hombre era el más valorado en esa cultura. Es extraño pero cierto. Aunque la gente de la época no contaba a los niños, Jesús sí lo hacía. Y el almuerzo de ese chico que no contaba para nada se convirtió en la semilla del milagro. Dios lo ve todo y ningún sistema puede impedirle ascender al que él desea quiere promover.

David se encontró en una posición similar. A su padre Isaí se le pidió que llevara a sus hijos ante el profeta Samuel, por lo que los alineó a todos, excepto a David. Samuel los vio a cada uno, esperando la aprobación de Dios para la promoción que se avecinaba. Todos parecían reyes potenciales debido a su apariencia externa. Pero Dios le recordó a Samuel que él mira el corazón. Entonces Samuel le preguntó a Isaí si tenía más hijos, a lo que este respondió que sí, pero su hijo menor, David, estaba cuidando las ovejas. Así que, a petición de Samuel, Isaí llevó a David ante él. Entonces Dios le dijo al profeta: "¡Este es el indicado!". El que fue pasado por alto por su familia se convirtió en el elegido por Dios. Samuel reconoció la mano de Dios sobre él y lo ungió como rey de Israel.

Las respuestas tardías nos preparan para ser
capaces de recibir la respuesta de Dios sin que
nos destruya. #nacisteparatrascender

El Espíritu de Dios le fue quitado a Saúl. Este se descalificó a sí mismo por su rebelión contra Dios (1 Samuel 16:14). Por el contrario, el Espíritu de Dios descendió sobre David (v. 13), en quien Dios confiaba que sería rey sobre Israel. Dios reconoció que David era un hombre conforme a su corazón.

Parece que David usaba el tiempo en que cuidaba las ovejas de su padre para pasarlo con Dios. Gran parte de su aprendizaje acerca de los caminos de Dios se forjaron en esas horas en el desierto alabando a Dios con su arpa. Probablemente fue en ese ambiente donde David aprendió los conceptos que más tarde darían forma a sus valores y decisiones como rey; cosas tan notables como que Dios habita en la alabanza y que valora el corazón contrito más que el sacrificio de animales. Ese pastor adorador recibió tanta información acerca de Dios que lo convirtió en el rey más grande de la historia de Israel. David se sintió conmovido por lo que aprendió de los caminos de Dios, por lo que modeló su corazón y sus valores según el corazón de Dios. Ese es su mayor legado.

Aunque David fue ungido rey por el profeta Samuel, pasarían muchos años antes de que ascendiera al trono. Las respuestas tardías nos preparan para ser capaces de recibir la respuesta de Dios sin que nos destruya. La disciplina del Señor nos permite avanzar hacia el cumplimiento de la Palabra de Dios en nuestras vidas sin fallar por ganar una herencia demasiado rápido. (Ver Proverbios 20:21).

LA VALENTÍA CAUSA PROBLEMAS

En su juventud, David había matado un león y un oso para proteger a las ovejas. Por tanto, no es de extrañar que Dios quisiera que él dirigiera a las personas que amaba. David, voluntariamente, se puso en peligro para cumplir su tarea, lo que lo calificó perfectamente para el ascenso. Lo que hizo cuando nadie estaba viéndolo lo calificó para vencer a Goliat cuando dos naciones estaban observándose. No es que busquemos ser vistos; es que Dios nos encuentra dignos de confianza para tomarnos en cuenta. El reconocimiento agrega una presión que no todos pueden tratar bien. David sobrepasó esa prueba con gran éxito.

Goliat se estaba burlando de los ejércitos de Dios. Saúl estaba paralizado de terror, al igual que el resto de los ejércitos de Israel. David fue a entregar comida a sus hermanos en el ejército cuando escuchó la conmoción causada por ese malvado gigante. Sus hermanos se enojaron con él cuando les preguntó sobre el problema. Su falta de valor se hizo evidente cuando David habló sin temor acerca de ese filisteo. Estoy seguro de que atribuyeron el valor de David a su juventud. Pero, de hecho, había sido preparado para ese momento y su valentía, forjada por el propio Dios, estuvo a la altura de la situación.

Es interesante notar que las personas que no tuvieron el valor para luchar contra Goliat fueron las mismas que criticaron al que tenía lo que ellos no tenían. Los celos surgen en las situaciones más incómodas. A veces reaccionamos ante situaciones que tienen que ver con otras personas, pensando que estamos actuando con gran celo y discernimiento, cuando en realidad, los celos se han apoderado de nuestras almas. Mantener el afecto ante el Señor nos protege a todos en ese sentido.

David convenció al rey Saúl de que lo dejara luchar contra Goliat. El joven pastor recogió cinco piedras debido a que Goliat tenía sus hermanos en ese campo de batalla. Su fe se extendió a través de su desafío presente hacia su futuro. Pero una vez que Goliat fue asesinado, todos los filisteos huyeron. Las burlas y los problemas potenciales de nuestro futuro a menudo surgen cuando enfrentamos nuestro momento con gran valentía. Parece que los críticos acérrimos de David se convirtieron en sus partidarios después de su victoria y sirvieron con gusto con él en el ejército del rey Saúl.

LA PUNTA DE LANZA DE LA ENVIDIA

David fue llevado a la casa del rey, donde se convirtió en el mejor amigo del hijo de Saúl, Jonatán. A los reyes les gusta estar cerca de los ganadores y David calificó para ello. Pero a veces los ganadores sacan a la luz cosas que hay en los corazones de aquellos que se sienten inseguros. El miedo de Saúl a lo que la gente pensaba se convirtió en una trampa en su propio corazón, revelando problemas profundos que se convertirían en su ruina.

Con el tiempo, la valentía de David se convirtió en la comidilla de la ciudad, invadiendo hasta las letras de la música de su época. "Y cantaban las mujeres que danzaban, y decían: Saúl hirió a sus miles, y David a sus diez miles" (1 Samuel 18:7). Los celos llenaron el corazón de Saúl, por lo que intentó matar a David. Los celos son una enfermedad emocional devastadora alimentada por un razonamiento defectuoso. Hace que uno codicie la honra o el reconocimiento que otro recibe, descontando el mérito de esa persona.

A los reyes les gusta estar cerca de los ganadores y David calificó para ello. Pero a veces los ganadores sacan a la luz cosas que hay en los corazones de aquellos que se sienten inseguros. #nacisteparatrascender

---

Saúl intentó matar a David con una lanza. Falló, pero continuó en sus esfuerzos, rechazando las súplicas de su hijo en cuanto a reconsiderar esa situación. Persiguió a David como a un animal por más de diez años. El rechazo que David sufrió en ese momento provenía del propio rey, aunque Jonatán seguía siendo su amigo leal.

Saúl y su ejército persiguieron a David. Hubo muchos momentos en los que David estuvo huyendo de esa importante figura paterna convertida en un loco asesino. Seamos realistas, cuando alguien está decidido a matarte, eso moldea tu carácter. Cuando ese alguien es también un rey con recursos y espías que podrían ser recompensados por información, eso o te moldea o te vuelve algo loco. Esa situación tan indeseable se convirtió en una "escuela de reyes" para David.

No deberíamos sorprendernos nunca de lo que Dios puede y está dispuesto a usar con el fin de entrenarnos para nuestro propósito en la vida. Ese futuro rey ahora tenía la responsabilidad de aferrarse a la palabra de Dios en medio de circunstancias imperantes que contradecían lo que se había dicho en el transcurso de su vida. La elección es simple, para todos: o permitimos que la palabra sobre nuestras vidas se vea afectada por nuestras circunstancias, o nosotros influimos en ellas con la palabra. David sabía que estaba hecho con un destino, por lo que se mantuvo firme. La mayoría tenemos sueños y palabras que se han dicho acerca de nosotros que parecen imposibles. Tienen que serlo o pensaríamos que podemos concretarlos por nuestro propio esfuerzo. Estoy seguro de que ser ungido rey por alguien tan respetable como el profeta Samuel ayudó a David en su desafiante carrera. Pero veamos la realidad, ser perseguido por un loco tenía que parecer que iba en la dirección opuesta a la palabra del profeta a lo largo de su vida.

EL RECHAZO CUENTA

Todo rechazo duele. Pero algunos lastiman más que otros. En el caso de David, se convirtió en un fugitivo debido a la locura de Saúl. Mientras huía, encontró un lugar para quedarse una temporada, en un pueblo llamado Queilá. Esta era una comunidad que David había salvado de los filisteos. Sin duda, lo valoraban como líder militar y por el propio bienestar de ellos.

La mayoría tenemos sueños y palabras que se han dicho acerca de nosotros que parecen imposibles. Tienen que serlo o pensaríamos que podemos concretarlos por nuestro propio esfuerzo. #nacisteparatrascender

---

Cuando David se enteró de que Saúl sabía que estaba escondido en Queilá, le preguntó a Dios si sus propios hermanos judíos lo traicionarían y lo entregarían a Saúl. Dios le dijo que lo entregarían y que Saúl vendría a matarlo. Tiene que doler más cuando las personas que te deben la vida se vuelven contra ti en un momento de necesidad. Pero las personas atadas por el miedo suelen rechazar la oportunidad que se les presenta de alcanzar la nobleza. David abandonó la protección de la comunidad y huyó al desierto.

DEL RECHAZO A UNA IGLESIA DE RECHAZADOS

La gente comenzó a reunirse alrededor de David durante el tiempo que estuvo en el exilio. En 1 Samuel 22:2 (RVR1960) dice: "Y se juntaron con él todos los afligidos, y todo el que estaba endeudado, y todos los que se hallaban en amargura de espíritu, y fue hecho jefe de ellos; y tuvo consigo como cuatrocientos hombres", los cuales comenzaron a seguir a David. Por alguna razón, cada vez que leo este versículo recuerdo una escena de la película *La guerra de las galaxias*. Esos que empezaron a seguir a David eran tipos que no encajaban en ningún lado. Sus problemas personales hacen de grupos como ese la iglesia menos deseable que pastorear. Y, sin embargo, ese fue el comienzo de un milagro extraordinario.

David demostró que tenía un corazón como el de la realeza —antes de poseer el título de rey— al abrazar a esos hombres con todos sus problemas. Los entrenó para la vida y la guerra con el objeto de que se convirtieran en lo que Dios quería que fuesen. El padre de David, Isaí, tenía problemas obvios, los cuales afloraron cuando mostró desgano para llevar a David ante el profeta Samuel a ver si su hijo podría ser el rey que buscaba. Y, por otro lado, cuando el que era potencialmente su padre inspirador en cuanto a la realeza —Saúl— se derrumbó bajo la presión, el propio David se mantuvo fuerte.

Bajo su liderazgo, esos inadaptados llegaron a ser conocidos como los valientes de David y se habla de ellos con honra en 2 Samuel 23. Sus conquistas militares no tienen igual. Y aunque detesto la guerra de cualquier tipo, me encantaría ver los videos de las batallas que ganaron esos hombres. Son absolutamente impresionantes. Al menos cuatro de esos hombres también mataron gigantes. Como discípulos de David, dan evidencia de este principio: *si quieres matar gigantes, sigue a un asesino de gigantes.*

VIVIR EN EL CAMPAMENTO ENEMIGO

Al final, sin duda por motivos de seguridad, David trasladó a su grupo a la tierra de los filisteos, donde su rey le dio la ciudad de Siclag. Los valientes de David eran por lo menos treinta y siete en número, pero podrían haber estado más cerca de cincuenta, dependiendo de cómo interpretemos las descripciones dadas en las Escrituras. También tenían familias, por lo que ese movimiento, sin duda, les brindó la oportunidad de crear estabilidad para sus hogares también.

A los filisteos les agradó David, el que atacaba a los enemigos de Israel por la noche. Estos también eran enemigos de los filisteos, por lo que pensaron que las conquistas de David eran en realidad para ellos y que él era una fuerza para su propia causa militar. Pero cuando los filisteos decidieron ir a la guerra con Israel, algunos de sus líderes se negaron a permitir que David peleara con ellos. Pensaban que David podría volverse contra ellos en medio de la batalla e Israel lo querría como su rey.

En ese momento de rechazo, David dio la vuelta para regresar a casa. A lo lejos, vieron la peor situación imaginable: Siclag ardía en llamas. Cuando llegaron apresuradamente a la ciudad, había sucedido lo que más temían. Todas sus esposas e hijos se habían ido, junto con todas sus posesiones. Las circunstancias de esos hombres que luchaban con los problemas cotidianos de la vida acababan de comenzar a avanzar, por así decirlo, y ahora parecía haber terminado. El dolor dio paso al miedo, por lo que este se apoderó de ellos.

La elección es simple, para todos: o permitimos
que la palabra sobre nuestras vidas se vea afectada
por nuestras circunstancias, o nosotros influimos
en ellas con la palabra.
#nacisteparatrascender

Esos valientes lloraron hasta que se quedaron sin fuerzas. Esos soldados endurecidos, reconocidos por sus conquistas militares, habían desarrollado corazones compasivos, al menos por sus propias familias. Sin duda, eso fue resultado del liderazgo de David con ellos. Si algo era David, es que era un hombre con corazón. Agotados y asustados, los hombres hablaron entre ellos acerca de matar a David. Esa es una parte impresionante de la historia, pero no debería sorprendernos. Hoy se hace lo mismo. Cuando la gente siente dolor o frustración, es común culpar al responsable. Por eso es que los equipos deportivos profesionales despiden a sus entrenadores. Las naciones votan por el bando contrario. El caso es que rara vez nos esforzamos por asumir la propia responsabilidad de las pérdidas. Es más fácil culpar al de arriba.

Ese fue el peor momento imaginable, pero reveló que David ya estaba listo para ser rey. La Biblia dice: "Mas David se fortaleció en Jehová su Dios" (1 Samuel 30:6 RVR1960).

PREPARADO PARA EL RECHAZO

Considera por un momento cómo era la vida de David en sus momentos cruciales.

1. David fue ignorado por su padre y sus hermanos. Era de la familia, pero no lo tomaban en cuenta.
2. David fue rechazado por el rey Saúl, que celosamente trató de matarlo. David ayudó a establecer el reino de Saúl con sus victorias militares, pero eso no contó.
3. David fue rechazado por sus hermanos en Queilá cuando se propusieron entregárselo a Saúl. David los libró de los filisteos, pero se olvidaron.
4. Fue rechazado por los filisteos cuando no se le permitió ir a la guerra con ellos. David fue de beneficio para la nación de ellos, pero eso no contaba bajo presión.
5. Fue rechazado por sus propios hombres cuando hablaron de matarlo. David había cambiado sus vidas. Le

debían la existencia, el éxito y la esperanza del mañana. Debido a su dolor, perdieron de vista el valor que David tenía para ellos.

David estaba pasando por un momento que la mayoría de nosotros diría que es el más oscuro de nuestras vidas. Su agonía se convirtió en el momento en que demostró de qué estaba hecho. En vez de enojarse con sus valientes, en lugar de señalarles el error de sus caminos, se acercó a ellos con un plan. No los castigó. No evitó su dolor. Simplemente actuó como rey que era y los condujo a una gran victoria.

La Biblia dice que recuperaron todo. Todos los miembros de su familia. Todas sus posesiones. Todo. Restaurados completamente. (Ver 1 Samuel 30:8).

LA PUERTA DE ATRÁS

No es casualidad que, en la siguiente parte de la historia, David se convirtiera en rey. En el momento más terrible, se fortaleció. En lo personal, creo que a veces Dios ensordece a nuestros amigos más cercanos para que no oigan el grito de nuestro corazón, de modo que nos veamos obligados a aprender una lección vital: cómo sacar fuerzas de nosotros mismos. Él nunca haría eso para forjar independencia y aislamiento en nuestras vidas. Pero los líderes, aquellos que han anhelado la promoción de Dios, deben aprender a ministrarse a sí mismos. Fue desde ese escenario de *soledad* que David pasó la prueba final en cuanto a su disposición para gobernar.

En lo personal, creo que a veces Dios ensordece a nuestros amigos más cercanos para que no oigan el grito de nuestro corazón, de modo que nos veamos obligados a aprender una lección vital: cómo sacar fuerzas de nosotros mismos. #nacisteparatrascender

---

Aunque la Biblia no nos da una lista de lo que hizo David para fortalecerse, sí nos da una idea de sus valores, su estilo de vida y sus pensamientos. Los salmos se encargan de eso en una manera extraordinaria. Cuando tuve que aprender esa habilidad de fortalecerme por mi propia sabiduría, aprendí mucho de su ejemplo. (Escribí un libro completo sobre este tema: *Strengthen Yourself in the Lord*). Estas son las cosas que hago continuamente:

1. *Adoración.* No hay nada como la presencia manifiesta de Dios sobre una persona para valorar qué es importante y qué no. En su presencia hay vida y fuerza ilimitadas. Por eso pongo especial énfasis en dar gracias y alabar en las mismas áreas que necesito eso. Las doy como sacrificio, no simplemente por conveniencia. En otras palabras, exalto al Señor y lo honro por ser mi fiel proveedor cada vez que necesito provisión. Le agradezco la respuesta antes de que llegue. Esas acciones me ayudan a lograr un cambio de perspectiva, que es esencial para ser lo suficientemente fuerte para enfrentar bien mis problemas.

2. *Promesas.* Repaso las palabras proféticas sobre mi vida, así como las porciones de las Escrituras que Dios ha usado en momentos importantes de mi vida para darme esperanza y una promesa. Dedico bastante tiempo a revisar esas palabras. No puedo permitirme tener un pensamiento sobre mí en mi cabeza que Dios no tenga en la suya. Esa forma de meditación bíblica es vital para asegurarme de vivir en su fortaleza. Josué 1:5-9 ilustra bastante bien esta parte del trayecto.

3. *Amigos.* Opto deliberadamente por pasar tiempo con amigos que tienen mucha fe. No es para que podamos hablar de problemas. Es que encuentro que su humor y su visión de la vida son refrescantes para mí. Al mismo

tiempo, restrinjo mi tiempo con personas que me intoxican. Hay momentos en que ese tipo de personas no son un problema porque vivo en la abundancia de gracia que poseo. Pero en los momentos de angustia, cuando el rechazo parece estar por todas partes, limito las personas con las que paso tiempo. No es sensato elegir deliberadamente estar con personas que hacen que mi lucha de fe sea aún más difícil.

La Biblia está llena de ejemplos de personas que se enfrentaron a grandes imposibilidades y superaron las dificultades simplemente con fe y obediencia. Tanto la fe como la obediencia se miden con las acciones. Solas, son solo teorías, pero cuando actuamos, se confirman y se solidifican. Para mí, es como una resina de dos componentes. Solo funciona cuando se combinan ambos elementos.

EL REGALO DEL RECHAZO

Suena extraño, estoy seguro, pero este tipo de desafíos en la vida pueden considerarse un regalo. Aun cuando no creo que Dios orquesta catástrofes para nuestras vidas, sé que está con nosotros, brindándonos esperanza y promesas que siempre son mayores que el problema.

Para aquellos que no están entrenados en los caminos del Rey y su reino, podría parecer que esos momentos son contratiempos, cuando —en realidad— son atajos para la promoción si se navega por ellos bien. Son los cursos intensivos de la escuela del reino, que garantizan que seamos capaces de sobrevivir y prosperar en nuestra área de promoción. Por eso, podemos, con sinceridad de corazón, estar agradecidos por esos momentos de rechazo. Ellos se convirtieron en las manos del alfarero que moldearon a David, el hombre de corazón recto, el rey más grande de la historia de Israel. Lo que todos hubiéramos rechazado y renunciado se convirtió en la puerta trasera para la promoción.

Aun cuando no creo que Dios orquesta catástrofes
para nuestras vidas, sé que está con nosotros,
brindándonos esperanza y promesas que siempre son
mayores que el problema. #nacisteparatrascender

Aprendí a través de una prueba personal, hace varios años, que Dios busca que confiemos en él. Quería expresar una fe audaz. A lo largo de esa temporada, llegué a una conclusión que antes no había captado: *la fe audaz se apoya en la confianza serena*. Su fidelidad es tan perfecta y completa que le debo nada menos que una confianza absoluta, independientemente de mis circunstancias. Este enfoque se convierte en la puerta trasera de la promoción.

El proceso que Dios usa para llevarnos a nuestro destino es absolutamente por nuestro bien. No hay ningún castigo involucrado. Sin el entrenamiento y las pruebas, ciertamente caeríamos de la manera más destructiva: destructiva para nosotros y los que nos rodean. Ciertamente es la misericordia de Dios la que retiene eso hasta el momento adecuado. Los peligros de la promoción, el ingrediente esencial de nuestra trascendencia, no son tan aterradores si el proceso se acepta plenamente. Examinar los peligros nos ayudará a ver las señales de advertencia, ser completamente restaurados en el tipo apropiado de "temor a Dios" y entregarnos completamente para la gloria de Dios, a su manera.

TERCERA PARTE

LOS PELIGROS
DE LA
PROMOCIÓN

CAPÍTULO 11

EL DESAFÍO DE LA BENDICIÓN

E s casi imposible encontrar un momento histórico en el que un gran mover de Dios aumentó en ímpetu y significado a medida que pasaba de una generación a la siguiente. De hecho, no sé que eso haya sucedido nunca en la historia de la iglesia. Y, sin embargo, debería haberlo hecho en innumerables ocasiones. La gente a menudo asume que debido a que terminó un tiempo de bendición o avivamiento, fue la voluntad de Dios que terminara. Asumen que es el deseo de Dios por la forma en que las personas han respondido a él y no por la naturaleza de la promesa divina para nuestras vidas. Pero Dios nunca se define por la manera en que la gente responde a él. De lo contrario, la sanidad de los diez leprosos habría sido un fracaso, ya que solo uno regresó para dar gracias. Solo uno tuvo la verdadera transformación de corazón para responder apropiadamente a Dios. Dios se revela en su obra, no en nuestra respuesta a ella.

El crecimiento continuo yace en la naturaleza divina, llevándonos de gloria en gloria, de fe en fe. En la enseñanza de Jesús acerca de la mayordomía, con las minas y los talentos, se requería un incremento. Dios espera que aumentemos y crezcamos en todo lo que nos da. Cuando una generación recibe una herencia espiritual de la anterior, se le da la oportunidad de ir a donde esa anterior no tuvo tiempo de ir. Y, sin embargo, aunque esta es siempre la posibilidad, nunca ha sido la norma. Los grandes movimientos de Dios requieren una vida de gran riesgo, junto con la voluntad de ser despreciado y rechazado por sus compañeros. Quizás sea que los hijos de los campeones espirituales tratan de abordar la trascendencia y el impacto de otra manera. A menudo construyen monumentos en memoria de sus padres y sus madres espirituales como expresión de honra, pero rara vez llevan el mover de Dios a otro nivel.

Dios nunca se define por la manera
en que la gente responde a él.

#nacisteparatrascender

Aunque este libro no se refiere a avivamiento alguno, se trata de la promoción y el engrandecimiento que Dios produce en nuestras vidas. Y en el tema de los grandes movimientos de Dios se ilustra el desafío de las bendiciones.

LA EXCEPCIÓN

La transición del gobierno de David al de su hijo Salomón es el único momento en la historia que conozco en el que la grandeza y la trascendencia que Dios da son seguidas por una generación que la lleva a un nivel superior a la anterior. Es un brillante ejemplo de cultura y sociedad que van de gloria en gloria. No estoy diciendo que nunca haya sucedido, ni en la Biblia ni en la historia de la iglesia. Solo digo que no es común y, francamente, no he visto eso nunca.

Los fracasos de Salomón fueron aun más devastadores debido a eso. Cuanto mayor sea la importancia de una persona, mayor será el efecto de sus fracasos en los que están bajo su influencia. Pero basta con decir que la promoción debe maniobrarse con cuidado.

CONTRADICCIÓN DE ROLES

Salomón fue el rey más poderoso de todos los tiempos. Pero el impulso de su grandeza vino de su padre, el rey David. Fue David quien preparó el escenario para la promoción de su hijo. Es importante percatarse de que rara vez entramos en la verdadera trascendencia por esfuerzo propio. Alguien será usado por Dios con el fin de sentar las bases para que podamos edificar.

El rey David fue un hombre bendecido. Como mencioné antes, era todo corazón, conocido por sus pasiones; no solo por sus disciplinas. Eso fue evidente en su amor por Dios. Estaba dispuesto a parecer tonto ante sus súbditos para expresar todo lo que había en su corazón por aquel a quien amaba con imprudente abandono. Su baile ante el Señor avergonzó a su esposa Mical. Ella temía lo que pudiera pensar la gente. A él no le preocupaba eso. David danzó para la audiencia más importante: Dios. Las personas verdaderamente valientes deben ignorar el temor al hombre y vivir en el temor de Dios. Esta es la única forma de entrar plenamente en el propósito y la promoción definitiva.

La pasión de David también se manifestaba en sus ansias por hacer cumplir la justicia obteniendo el resto de la tierra prometida que Dios tenía para Israel. Habían pasado cientos de años aparentemente satisfechos con menos de lo que Dios había prometido. Pero David no quería tener nada que ver con escasez, liderando su ejército victoria tras victoria para que pudieran obtener todo lo que Dios había prometido. Esa era una pasión por Dios pura, auténtica, que podía medirse en su amor por su pueblo y su deseo de justicia divina.

También podemos reconocer la pasión de David a través de sus logros militares. Son legendarios. Recordarás que levantó hombres que eran tan poderosos en la batalla que sus logros casi parecen obra de ángeles y no de humanos. En serio. Uno de ellos, Joseb-basebet el tacmonita —jefe de los capitanes— luchó solo contra ochocientos soldados y los mató a todos. Otro, más abajo en la lista de grandes de la Biblia, Abisai, mató a trescientos por sí mismo. El caso es que David fue el hombre de Dios en su tiempo. Su fuerza militar le fue dada por Dios. Dios lo condujo a las batallas que completarían las órdenes que les dio a Josué y a las generaciones anteriores que no habían cumplido: obtener plenamente la tierra prometida. Esto ilustra la justicia de Dios en el contexto del Antiguo Testamento.

David anhelaba mostrar su corazón apasionado por Dios y su deseo de honrarlo construyendo un lugar para que él viviera, una casa para Dios, un templo. Pero Dios no le permitió hacerlo porque era un hombre que había derramado sangre. La Escritura no dice que fue por su pecado con Betsabé ni por su trato con su esposo, Urías. Dios señala el efecto general de su victoriosa vida militar.

Para hacer un impacto duradero en la humanidad, debemos ser más que personas que ven problemas. Debemos ser personas con soluciones.

#nacisteparatrascender

La mayoría de las veces, la gente piensa que Dios le prohibió a David que construyera el templo como una forma de castigo por su manera de matar. Yo no lo creo. No parece coherente con el hecho de que David peleó guerras en las que Dios lo dirigió. Dios lo creo para que constituyera una fuerza militar que llevara a cabo el mandato original de expulsar a los enemigos de su legado. Así que, si no es un castigo, ¿qué es? Creo que el Señor está revelando el tipo de ministerio con el que construye. Dios edifica con paz, que es el significado del nombre de Salomón.

Obsérvalo de esta manera: la guerra elimina el problema para que el hombre de paz pueda llegar a la solución. Es como limpiar un edificio en ruinas para que los constructores puedan edificar algo nuevo. Los equipos de demolición rara vez, o nunca, son el dispositivo de construcción necesario para edificar de nuevo. Muchos ministerios se involucran con un enfoque ministerial tipo bélico. Se oponen a su gobierno, así como a otras iglesias cuando violan lo que creen que es correcto. Confrontan a sus líderes denominacionales y a cualquier otra persona que carezca de las percepciones que ellos poseen. Tienen mentalidad de guerra y conflicto. Este mismo grupo de líderes se frustra por su incapacidad para construir algo duradero. Dios no tiende a edificar sobre esa base, ya que por naturaleza está en conflicto con lo que está haciendo en la tierra. David era necesario e importante. Pero Salomón llevó su impulso a otro nivel. Sus tareas eran diferentes pero complementarias, desde la perspectiva del reino.

Para hacer un impacto duradero en la humanidad, debemos ser más que personas que ven problemas. Debemos ser personas con soluciones. Dios es creador; es constructor. Podemos compartir su naturaleza al colaborar con su pasión para responder cada pregunta y necesidad de las personas que nos rodean.

UNA GRAN TRANSICIÓN

Siempre que tenemos una promoción hay una transición para todos los involucrados. Por alguna razón, las transiciones rara vez vienen sin su propia carga de problemas y desafíos. No importa si se trata de un ascenso en el trabajo, un incremento en la unción o en el don espiritual, o un traslado al otro lado del país, la transición siempre es un desafío. No puedo pensar en ninguna transición más radical que la del reinado de David al de Salomón, del hombre de guerra al hombre de paz.

Míralo de esta manera. David era el hombre al que todas las naciones temían. Salomón era el hombre con el que los líderes de las naciones querían estar. Israel pasó de ser temido a ser admirado, todo porque tenían un rey que recibió una promoción incomparable en sabiduría. Las naciones acudieron a aprender de su sabiduría. Tanto David como Salomón fueron poderosos, influyentes y significativos. Pero solo uno se convirtió en el ejemplo y proporcionó las ideas de las que otras naciones podrían aprender.

Todos los hombres de la tierra y todos los reyes del mundo conocido acudieron a sentarse a los pies de Salomón para aprender de su sabiduría. ¿Cuál fue el propósito de eso? Aprender a gobernar mejor sus naciones, generar prosperidad a su gente y disfrutar longevidad en sus descendencias familiares. En términos prácticos, Salomón les enseñó sabiduría, que es el razonamiento divino. En un sentido muy real, estuvieron expuestos a la mente de Cristo, aunque vivieron en los tiempos del antiguo pacto. Y aprendieron de esa experiencia.

Los profetas hablaron de las naciones que vendrían a su luz. Esa fue la intención de Dios mucho antes de que Israel comprendiera cómo podía operar. Estoy seguro de que pensaron que, si solo tuvieran un gran poderío militar, las naciones se sentirían atraídas por ellos. Pero eso no resultó. Habría sido un anhelo basado en el miedo, no una auténtica pasión por aprender. Dios sabía que, si podía poner su sabiduría en una persona, el apetito por esa sabiduría dada por Dios afloraría en los corazones de la gente, por lo que harían cualquier cosa para obtenerla. Quizás un milagro que a menudo se pasa por alto sea el hecho de que aquellos reyes se humillaron en la búsqueda de la sabiduría al dejar sus escenarios majestuosos, prestigiosos y honrosos para sentarse a los pies de otro monarca. Solo el hambre que Dios daba por eso podía hacer que esas personas acudieran ante un rey como ese. En este caso, nuestra promoción tiene como objetivo ponernos ante las personas de tal manera que vean la naturaleza de Dios y anhelen conocerlo.

Algún tiempo después, el profeta Miqueas declaró que la gente acudiría al pueblo de Dios en busca de soluciones para la vida. "Muchas naciones se acercarán, diciendo: Vengan, subamos al monte del Señor, a la casa del Dios de Jacob. Dios mismo nos instruirá en sus caminos, y así andaremos en sus sendas. Porque de Sión viene la instrucción; de Jerusalén, la palabra del Señor" (Miqueas 4:2). Este versículo manifiesta el deseo de Dios por atraer a todas las naciones hacia él. Pero nos usa a nosotros para ello. Lo interesante es que, en el caso de Salomón, fue la inusual promoción divina en cuanto a sabiduría lo que atrajo a las naciones a él. Lo que Dios hizo a través de Salomón —atraer naciones a él—, ahora lo hará a través de su casa: la iglesia del Dios vivo.

Nuestra promoción tiene como objetivo ponernos
ante las personas de tal manera que vean la naturaleza
de Dios y anhelen conocerlo.
#nacisteparatrascender

La promoción que los demás ven en nosotros es atractiva para ellos. Cuando Dios nos promueve, revela su pasión por la humanidad, al atraer a otros a él a través de nosotros. No es el dinero, el título ni el poder lo que atrae tanto como las personas que desempeñan el papel que Dios les ha dado, felices. Es por eso que hay mucho que decir sobre este tema de "cómo lidiamos con la promoción del Señor".

LIBERADO DE LA *MEDIOCRIDAD IMPERANTE*

Mediocre significa promedio y al imperio de la mediocridad podríamos calificarlo como *mediocracia*, un término que tipifica cierta clase de gobierno (como por ejemplo: autocracia, democracia, etc.) y que algunos han acuñado en el idioma actual. Ya calificado el vocablo, hay que decir que el pueblo de Dios no debe conformarse con vivir bajo la influencia del promedio. La *mediocracia* asume la naturaleza del poder gubernamental al establecer límites para la vida que son contrarios al reino de Dios. Se supone que la naturaleza de Dios, revelada en constante aumento, se refleja en cómo pensamos, planificamos, creemos, oramos, buscamos y administramos.

Mencioné esto antes y lo repetiré aquí: como pueblo de Dios, debemos vivir con la conciencia de que siempre hay más. Somos parte de un reino eterno, la maravilla de cuya infinitud tomará una eternidad revelar. Esto nunca es para promover ansiedad o legitimar el ser impulsado como una expresión del reino. Ser impulsado es un pobre sustituto de la vida enfocada para la que fuimos diseñados. La Escritura dice que seremos guiados con paz. Eso significa que no quiero ir a ningún lugar donde la paz no me lleve. Así como la gran fe proviene de la entrega y la sumisión, las grandes experiencias promotoras provienen de la sujeción como estilo de vida. Incluso cuando somos llamados a luchar, como también se enseña en las Escrituras, luchamos en base a la victoria de Cristo en la cruz y la resurrección.

Si hay algo que *no* fue Solomon, fue mediocre. Se destacó en maneras desconocidas en esos tiempos. La sabiduría lo elevó por encima de lo que los mortales suelen ser capaces de experimentar. Lo divino, la mente de Cristo, se manifestó en una persona a un nivel superior a todo lo visto o escuchado antes. Tal es la naturaleza de ese regalo que debería ser el grito del corazón de toda persona viva. La sabiduría no es simplemente tener el don de aportar soluciones a las necesidades humanas, ni tampoco es elevar a una persona por encima de otras en el aspecto de la superioridad. Es el favor de Dios con el que ilustra el modelo celestial para reemplazar el caos terrenal.

Así como la gran fe proviene de la entrega y la sumisión, las grandes experiencias promotoras provienen de la sujeción como estilo de vida. #nacisteparatrascender

---

La sabiduría también es de naturaleza profética porque ve más allá de las limitaciones naturales acerca de un tema. Permíteme ilustrar la sabiduría de esta manera. Supongamos que estás mirando una pared típica de una casa. Lo que normalmente ves es una placa de yeso cubierta con madera, pintura o papel tapiz. La sabiduría ve más allá de lo obvio en la estructura interna de algo, en este caso, los listones de madera de dos por cuatro pulgadas a los que se adhiere la placa de yeso. En otras palabras, la sabiduría ve la naturaleza del asunto, desafío u oportunidad. Intercambia la influencia creativa de la naturaleza de Dios en la cavernosa condición del quebrantamiento humano y el potencial dado por Dios.

EL COMIENZO DE SALOMÓN

Una de las partes más impresionantes de la historia de Salomón es cómo empezó todo. Fue visitado por Dios mientras dormía. Imagina que Dios viene hacia ti mientras estás profundamente dormido, concediéndote el deseo más anhelado de tu vida. Recuerdo que cuando era niño me gustaba tener todo lo que quisiera. Ese deseo, sin duda, puede ser egoísta en el sentido de que es "que se haga mi voluntad". Pero también es cierto que Dios pone cosas en el corazón de las personas que anhelan expresarse, como ese momento de Salomón con Dios. Sorprendentemente, Dios confió en el pedido de sabiduría de Salomón, aunque lo hizo mientras dormía. ¿Qué es de Dios que llevamos tan profundamente que él puede confiar en nuestro razonamiento mientras dormimos? ¿Y por qué Salomón fue el único a quien se le ofreció esa opción? Quizás sea porque fue el único entrenado desde la infancia para tomar esa decisión. Proverbios 4:3-5 revela cómo preparó David a su hijo para trascender.

> Cuando yo era pequeño y vivía con mi padre,
> cuando era el niño consentido de mi madre,
> mi padre me instruyó de esta manera:
> Aférrate de corazón a mis palabras;
> obedece mis mandamientos, y vivirás.
> Adquiere sabiduría, adquiere inteligencia;
> no olvides mis palabras ni te apartes de ellas.

Insisto, nosotros vemos el papel que juegan los demás en nuestro avance en la vida. Por eso deben ser recordados y honrados. David preparó a su hijo para ese momento. Me pregunto si Dios se habría sentido atraído por Salomón para ofrecerle un deseo porque sabía que era el único capacitado para tomar decisiones correctas. Quizás. Obviamente, no somos robots programados para tomar decisiones correctas. Dios se hace vulnerable en el sentido de que nos invita a un viaje relacional en el que nuestra voluntad tiene cierta influencia en el resultado de las cosas. En este caso, Salomón respondió a la oportunidad con una elección brillante.

Salomón amaba al Señor y cumplía los decretos de su padre David. Sin embargo, también iba a los santuarios paganos para ofrecer sacrificios y quemar incienso. Como en Gabaón estaba el santuario pagano más importante, Salomón acostumbraba a ir allá para ofrecer sacrificios. Allí ofreció mil holocaustos; y allí mismo se le apareció el Señor en un sueño, y le dijo:

—Pídeme lo que quieras.

Salomón respondió:

—Tú trataste con mucho amor a tu siervo David, mi padre, pues se condujo delante de ti con lealtad y justicia, y con un corazón recto. Y, como hoy se puede ver, has reafirmado tu gran amor al concederle que un hijo suyo lo suceda en el trono.

Ahora, Señor mi Dios, me has hecho rey en lugar de mi padre David. No soy más que un muchacho, y apenas sé cómo comportarme. Sin embargo, aquí me tienes, un siervo tuyo en medio del pueblo que has escogido, un pueblo tan numeroso que es imposible contarlo. Yo te ruego que le des a tu siervo discernimiento para gobernar a tu pueblo y para distinguir entre el bien y el mal. De lo contrario, ¿quién podrá gobernar a este gran pueblo tuyo?»

Al Señor le agradó que Salomón hubiera hecho esa petición, de modo que le dijo:

—Como has pedido esto, y no larga vida ni riquezas para ti, ni has pedido la muerte de tus enemigos, sino discernimiento para administrar justicia, voy a concederte lo que has pedido. Te daré un corazón sabio y prudente, como nadie antes de ti lo ha tenido ni lo tendrá después. Además, aunque no me lo has pedido, te daré tantas riquezas y esplendor que en toda tu vida ningún rey podrá compararse contigo. Si andas por mis sendas y obedeces mis decretos y mandamientos, como lo hizo tu padre David, te daré una larga vida.

Cuando Salomón despertó y se dio cuenta del sueño que había tenido, regresó a Jerusalén. Se presentó ante el arca del pacto del Señor y ofreció holocaustos y sacrificios de comunión. Luego ofreció un banquete para toda su corte.

—1 Reyes 3:3-15

Me encanta esta historia, tengo un gran respeto por Salomón. También me entristece que no haya anotado las cosas que debía haber visto al principio de su travesía. Su clamor por sabiduría fue impresionante. Pero es que fue criado por un hombre que estaba en la presencia de Dios. David era un hombre que valoraba la presencia de Dios por encima de todo. Es fácil decir que valoramos su presencia y, sin embargo, esta realidad debe medirse en el precio que hemos pagado para obtenerla y resguardarla. Cada uno de nosotros tiene la medida de la presencia de Dios que estamos dispuestos a guardar celosamente.

La historia de David revela su anhelo por Dios, su disposición a hacer el ridículo en la búsqueda de su presencia. Su vida revela el valor que le daba como para hacer que la vida de todos los sacerdotes girara en torno al privilegio de ministrarle las veinticuatro horas del día, los siete días de la semana. Esto es lo que se conoce como el Tabernáculo de David. Si Salomón hubiera asimilado este valor que poseía su padre, podría haberse evitado una gran angustia en lo personal y a la nación a la que servía.

LAS SEÑALES DE ADVERTENCIA LLEGARON TEMPRANO

Considera esta advertencia inicial: "Salomón amaba al Señor ... iba a los santuarios paganos para ofrecer sacrificios y quemar incienso" (v. 3). Dios es el que dirige nuestra atención a la excepción. Ofrecía sacrificios en los santuarios paganos. La debilidad de Salomón comienza a aflorar al comienzo de su historia. Le daba gran importancia a las costumbres culturales de los demás. Las otras naciones adoraban en los santuarios paganos, también conocidos como lugares altos. Y aunque Salomón comenzó a adorar a Dios, no lo hizo conforme a los mandamientos de Dios. Empezó a adorar en esos santuarios paganos.

Es fácil decir que valoramos su presencia y, sin embargo, esta realidad debe medirse en el precio que hemos pagado para obtenerla y resguardarla.

#nacisteparatrascender

Esta debilidad de desarrollar la adoración en torno a la voluntad propia se convirtió en algo tan nefasto que dio lugar a la adoración a los dioses falsos. En cierto sentido, es imposible adorar a Dios a nuestra manera. En realidad, eso se convierte en una forma antojadiza de adorar. La voluntad propia no es bienvenida en la adoración.

Los sacrificios de Salomón en Gabaón son el ejemplo de un hombre que trata de encontrar a Dios. Sin embargo, el eje del mensaje del evangelio es que fue Dios el que se acercó a nosotros. Ceder nuestra voluntad a la de él es bien acogido y celebrado. La verdadera adoración se mide en la entrega personal. Dios no encaja en nuestro plan; nosotros somos los que debemos encajar en el suyo. La voluntad es suya. Él tiene un diseño. Tiene su idea. Nuestro placer es descubrir lo que nuestro Diseñador ha planeado para nosotros.

La Biblia dice que Salomón sacrificó mil animales a Dios en ese lugar. Pero no danzó ante Dios como lo hizo su padre. No hay registro de que expresara su adoración a Dios. Su adoración impresionaba a los demás porque era cara y elaborada. Pero no impresionó a Dios porque esa adoración no incluía a Salomón ofreciéndose a sí mismo.

Ese es realmente el objetivo de toda adoración: que el pecador arrepentido se convierta en ofrenda. "Ama al Señor tu Dios con todo tu corazón, con todo tu ser, con todas tus fuerzas y con toda tu mente" (Lucas 10:27). Citado por Jesús en Lucas, este mandamiento se enseñó por primera vez en el Antiguo Testamento.

En otras palabras, Salomón habría sido consciente de ese estándar para nuestra devoción a Dios. Y, sin embargo, su adoración parece más simbólica que otra cosa. Cuando damos muestras de adoración, hacemos lo suficiente para aliviar la conciencia, pero no lo suficiente para transformar nuestras vidas. La danza de David, el frasco de alabastro de María, las monedas de la viuda, todos hablan de una ofrenda externa que representaba el verdadero afecto que brotaba del corazón y la entrega a un Dios que es perfecto en belleza, bondad y santidad. Salomón menospreció lo que debía haber sido más natural para él que para casi cualquier otra persona en la historia debido a quién era su padre: David.

También debe notarse que Dios no estaba allí, al menos, no en el sentido al que estaba acostumbrado Israel. El arca del pacto estaba en Jerusalén, que es donde residía la presencia del Dios todopoderoso para Israel. Eso no era algo representativo. Él estaba ahí. Dios no estaba en el lugar alto llamado Gabaón. Salomón había cambiado el enfoque de la adoración del monte

Sión, donde estaba Dios, a Gabaón, que tenía la apariencia de donde Dios debería estar.

Lo interesante es que después que Dios visitó a Salomón en sueños, este se despertó y rápidamente regresó a Jerusalén a donde estaba el arca del pacto. Allí se apareció ante la presencia real de Dios para entregar sus ofrendas. Esto nos muestra que él sabía. Instintivamente supo que, en su momento de promoción y relevancia, tenía que regresar a la presencia de Dios y no conformarse con una forma de adoración que transgredía lo que Dios ordenaba.

Ese simple acto de regresar a Jerusalén nos muestra lo que había aprendido de su padre, David, aunque no lo siguió en la práctica. Eso fue el secreto del éxito de David. Pero para Salomón, se convertiría en la causa no tan secreta de su fracaso y posterior derrumbe.

Dios es el que nos brinda las oportunidades. Por eso deben ser reconocidas y valoradas. Lo que David hizo en su vida fue insignificante para Salomón. Tal vez fue porque sabía que tenía una tarea diferente a la de su padre, lo cual era cierto. Pero la sabiduría nos ayuda a determinar qué conservar y qué reemplazar. En este caso, el hombre de guerra entregó el testigo al hombre de paz. Pero era el hombre de paz el que necesitaba desesperadamente la presencia de Dios como su *norte debido* para que el engaño no pudiera entrar.

Es imposible adorar a Dios a nuestra manera.
En realidad, eso se convierte en una forma
antojadiza de adorar. #nacisteparatrascender

Esta excepción de los santuarios paganos o lugares altos se convirtió en una piedra de tropiezo. Y debido a que no se trató con ello desde el principio, se convirtió en el comienzo de la caída de Salomón. Tratar los problemas mientras son pequeños es mucho más fácil que cuando se desarrollan por completo y se arraigan profundamente en nuestra personalidad y estilo de vida. Por dicha, no es imposible, pero el arrepentimiento debe ser equivalente al pecado.

UNA CAÍDA EXPONENCIAL

Salomón cometió un error similar al de Adán en el jardín del Edén muchísimos años antes. Satanás le dijo a Adán que sería como Dios si comía del fruto prohibido. ¡Ya lo era! Por eso trató de obtener por sus obras lo que Dios había provisto por gracia. Y ahora Salomón estaba en la misma posición. Trató de obtener el favor y la paz con las naciones vecinas casándose con las hijas de los reyes colindantes. Sin embargo, ya tenía el favor y la paz. Esos fueron los mismos reyes que acudieron a sentarse a sus pies y a obtener sabiduría.

Recuerda, Salomón tenía la necesidad de aparecer en público para asegurarse una posición de valor a los ojos de la gente. Ese nunca puede ser el enfoque de un verdadero líder. Salomón lo hizo y eso se convirtió en su talón de Aquiles. La indulgencia y la desobediencia no generan nunca el tipo de favor y bendición abundante que perdura. De hecho, la elección de Salomón se convertiría en la caída de su trono.

Ahora bien, además de casarse con la hija del faraón, el rey Salomón tuvo amoríos con muchas mujeres moabitas, amonitas, edomitas, sidonias e hititas, todas ellas mujeres extranjeras que procedían de naciones de las cuales el Señor había dicho a los israelitas: "No se unan a ellas, ni ellas a ustedes, porque de seguro les desviarán el corazón para que sigan a otros dioses". Con tales mujeres se unió Salomón y tuvo amoríos. Tuvo setecientas esposas que eran princesas, y trescientas concubinas; todas estas mujeres hicieron que se pervirtiera su corazón. En efecto, cuando Salomón llegó a viejo, sus mujeres le pervirtieron el corazón de modo que él siguió a otros dioses, y no siempre fue fiel al Señor su Dios como lo había sido su padre David.

—1 Reyes 11:1-4

Salomón ignoró su propio consejo sobre el tipo de personas con las que se asociaría. Proverbios está lleno de ideas sobre este tema. Su sabiduría no falló. Ni tampoco su falta de sabiduría, fue su debilidad. La sabiduría solo beneficia a los que la practican. Tal es el caso de este gran rey. Dios le dio toda la información necesaria para mantener intacto su trono por generaciones.

Entonces el Señor, Dios de Israel, se enojó con Salomón porque su corazón se había apartado de él, a pesar de que en dos ocasiones se le había aparecido y le había prohibido que siguiera a otros dioses. Como Salomón no había cumplido esa orden.

—1 Reyes 11:9-10

Dado que estás leyendo un libro acerca de la trascendencia, supongo que te encantaría tener las oportunidades que se le brindaron a Salomón. Tú y yo casi tendríamos que estar locos para no añorar las posibilidades que se le brindaban a él. Y, sin embargo, para mí, la parte más aleccionadora de toda esta historia es la frase "en dos ocasiones se le había aparecido". Dios se reveló a Salomón de una manera que pocos en toda la historia pueden afirmar. Fue un favor radical, pero no sirvió de nada.

La indulgencia y la desobediencia no generan
nunca el tipo de favor y bendición abundante que perdura.
#nacisteparatrascender

Las grandes experiencias tienen un costo, ya que el conocimiento es igual a la responsabilidad. No veas las experiencias sutiles con Dios como algo negativo. Son muestras de su misericordia en el sentido de que nos ofrecen un lugar para aprender a responderle. Aquí aprendemos de sus caminos y nos sumergimos completamente en responder a su voluntad. La obediencia a lo sutil se convierte en la plataforma para lo extremo.

El aspecto positivo del favor extremo es que los grandes encuentros con Dios nos brindan mayores oportunidades para avanzar con nuestro propósito en la vida. Sin embargo, se requiere más de nosotros a medida que aumenta el favor que recibimos. Una mayor revelación de Dios también crea menos espacio para el error.

Moisés es un excelente ejemplo de esta verdad. Conocía a Dios cara a cara. Sus encuentros no tienen paralelo en las Escrituras. Y, sin embargo, Dios lo iba a matar en un momento dado porque no había circuncidado a sus hijos como se suponía que debía hacerlo. En otras palabras, a lo largo de nuestro caminar con Dios hay puntos en los que cada uno de nosotros debe obedecer. Y aunque la falta de circuncisión parecía ser lo correcto en cierta parte del viaje, no lo era donde Dios lo estaba llevando. Moisés se arrepintió rápidamente e hizo lo que se suponía que debía hacer.

Esta triste realidad no nos impide buscar el rostro de Dios. Pero es para despertarnos a este hecho: "A todo el que se le ha dado mucho, se le exigirá mucho; y al que se le ha confiado mucho, se le pedirá aún más" (Lucas 12:48).

EN LA GLORIA

Salomón ciertamente tuvo momentos concedidos por Dios que deberían haberlo convencido de lo correctos que eran los caminos de su padre. En la dedicación del templo, vemos algo extraordinario: la gloria de Dios.

Los sacerdotes se retiraron del Lugar Santo. Todos los sacerdotes allí presentes, sin distinción de clases, se habían santificado. Todos los levitas cantores —es decir, Asaf, Hemán, Jedutún, sus hijos y sus parientes— estaban de pie en el lado este del altar, vestidos de lino fino y con címbalos, arpas y liras. Junto a ellos estaban ciento veinte sacerdotes que tocaban la trompeta. Los trompetistas y los cantores alababan y daban gracias al Señor al son de trompetas, címbalos y otros instrumentos musicales. Y, cuando tocaron y cantaron al unísono: "El Señor es bueno; su gran amor perdura para siempre", una nube cubrió el templo del Señor. Por causa de la nube, los sacerdotes no pudieron celebrar el culto, pues *la gloria del Señor había llenado el templo.*

—2 Crónicas 5:11-14

Dios no manifiesta su gloria negligentemente. Es mesurado e intencional. No quisiera decir que nos ganamos su presencia manifiesta, pero tampoco quiero dar a entender que Dios toma sus decisiones sin pensar o con arrogancia. Tanto en el Antiguo como en el Nuevo Testamento, la palabra *presente* significa rostro. Cuando se reconoce su presencia, su rostro está presente. Y es su rostro el que nos marca con favor y bendición.

Este momento debería haber sellado el trato para Salomón con respecto a lo que es importante en la vida. No hay nada más grande que la presencia de Dios. Y sentirse satisfecho con la rutina en lugar de un encuentro divino es difícil de imaginar, especialmente para alguien que estuvo expuesto a la gloria de Dios en respuesta a la adoración. El hecho de que los sacerdotes no pudieran soportar ministrar implicaba la naturaleza abrumadora de la presencia de Dios.

Ese era el propósito del tabernáculo de David: proporcionar un lugar de adoración continua en el que Dios es glorificado y el pueblo de Dios está expuesto a su razón de estar vivo. Presencia. El rostro de Dios. Nada puede superar el rostro de Dios vuelto hacia nosotros, como se ve en esta hermosa dedicación del templo.

SALOMÓN, EL ÚLTIMO CASO DE ESTUDIO

La vida de Salomón nos proporciona suficiente material para llenar fácilmente todo este libro sobre la trascendencia. Él ilustró correctamente el *propósito* de la bendición cuando oró pidiendo sabiduría. Sabía que sus responsabilidades eran enormes. También sabía que no tenía lo necesario para cuidar correctamente al pueblo de Dios y se veía a sí mismo con verdadera humildad. La bendición, la promoción y el aumento lo equiparon para servir a otros a un nivel sobrenatural, llevando a Israel a un lugar relevante como no se había visto nunca. La medida de influencia e impacto que somos capaces de tener es inaudita sin esos divinos dones de gracia.

También exhibe el *proceso* bastante bien en el sentido de que caminó con humildad, eligió bien bajo presión y valoró sus responsabilidades por encima del beneficio personal. Por esa razón, Dios le dio todo lo que pudo haber pedido, pero no lo hizo.

Al pensar en Salomón, muchos se centran en los peligros de su ascenso. Cuanto más nos elevamos, más catastrófica será nuestra caída. Tal es el caso de Salomón. Guio a Israel a su mayor temporada de relevancia e influencia. Luego, trágicamente, lo llevó a una esclavitud que requeriría varias generaciones para liberarse.

LAS BENDICIONES AUMENTAN LA RESPONSABILIDAD

He leído las historias de algunos de los grandes promotores de avivamientos en años pasados. Sus experiencias con Dios y en el ministerio siempre me conmueven profundamente. Los considero grandes héroes de la fe. Uno de los errores más frecuentes que cometen esos grandes líderes es que cuando el favor de Dios está sobre ellos y el poder fluye a través de ellos en una medida sin precedentes, la noción parece arrastrarse en el sentido de que transigir es aceptable. Ello parece comenzar con algo pequeño. Pero cuando la bendición de Dios todavía está en sus vidas, traducen eso en que Dios está agradado con su comportamiento. Es extraño, pero algunos de los mayores momentos de fracaso han seguido a las mayores victorias.

La bendición del Señor genera derechos
en el pueblo de Dios que emergen si no permanece
humilde y practica la disciplina.
#nacisteparatrascender

Pero entonces, ¿no es eso lo que le pasó a Elías? Como mencioné antes, enfrentó con valentía a 850 falsos profetas en el monte Carmelo, mostrando el poder y el favor de Dios, poniendo fin a su influencia sobre Israel al hacer que los mataran. Pero en la siguiente escena, corre y se esconde debido a una supuesta amenaza de una mujer, Jezabel. De hecho, la condición emocional de Elías era tan mala que quería morir. Incluso las experiencias emocionales positivas pueden ser agotadoras.

La bendición del Señor genera *derechos* en el pueblo de Dios que emergen si no permanece humilde y practica la disciplina. Esas dos prácticas mantienen la bendición como un elemento positivo. Al mirar a través de la historia de Israel, encontrarás momentos en que llegaron a ser extravagantes. En la era de Salomón, dicen que la plata se amontonaba en las calles. Era demasiado común no molestarse en contarla. ¿Qué dice eso sobre la prosperidad de una ciudad, de una nación? La bendición del Señor sobre ellos en esa época fue tan extrema que no se molestaban en contar lo que era precioso para ellos en otros tiempos.

Se supone que las bendiciones tienen un efecto básico
en la forma en que vivimos y pensamos:
deben atraernos hacia aquel que da la bendición.
#nacisteparatrascender

No mantener ese sentido de humildad y disciplina personal nos crea problemas. Mi convicción personal es que el Señor derramaría bendiciones sobre cada creyente más grandes de lo que nos imaginamos que podemos pedir. Pero a él le interesa más el resultado que cuánto disfrutamos del viaje. Está más preocupado por lo que nos convertimos por dentro que por lo que experimentamos por fuera. Jesús, sin duda, da prioridad a nuestro mundo interior. Por eso habla con el mundo interior constantemente. De hecho, dice que el reino de Dios está dentro de nosotros.

Todos los asuntos del reino son internos, personales y profundos. Cada vez que nos ocupamos de las realidades del reino, primero las tratamos de corazón. Es por eso que Jesús entraba en una situación y decía que si deseas ser exaltado, tienes que humillarte.

Se supone que las bendiciones tienen un efecto básico en la forma en que vivimos y pensamos: deben atraernos hacia aquel que da la bendición. En otras palabras, deben hacernos querer por aquel que ha mostrado tanto cuidado por nuestras vidas. Pero cuando nos aíslan de las necesidades de los demás, nos hacen sentir superiores de alguna manera, o incluso nos dan una licencia especial para pecar o condescender. Dios nos bendice porque nos ama. Pero el juego final es que los confines de la tierra sabrán cómo es él y se sentirán atraídos a él. Ese es el papel del favor divino en nuestras vidas. Es invaluable, poderoso, efectivo; pero peligroso si se aplica incorrectamente.

CAPÍTULO 12

NUESTRO MUNDO INTERIOR

L as oraciones ungidas por el Espíritu Santo son de naturaleza muy similar a las profecías. Revelan la intención y el propósito de Dios. Una de mis favoritas en toda la Biblia es la que se encuentra en 3 Juan 2: "Querido hermano, oro para que te vaya bien en todos tus asuntos y goces de buena salud, así como prosperas espiritualmente".

Es muy interesante ver que esta oración ungida revela el deseo de Dios con cada uno de nosotros. Él no solo ha querido que gocemos de buena salud y que prosperemos, sino que también nos enseña cómo hacerlo. Eso hace que surjan las siguientes preguntas:

- *¿Por qué Dios nos da instrucciones sobre cómo tener una familia saludable?* Porque quiere que tengamos una familia sana en espíritu, alma y cuerpo.
- *¿Por qué Dios nos da instrucciones sobre cómo tener un concepto de vida saludable?* Porque quiere que tengamos un concepto de vida saludable.
- *Entonces, ¿por qué da instrucciones sobre cómo prosperar?* La respuesta es obvia pero no aceptable religiosamente, en parte debido a los abusos. Pero la verdad es la verdad y no debe quedar impotente debido al abuso

de otra persona. En vez de ignorar la verdad debido a los riesgos involucrados, debemos volver a la humildad, al agradecimiento y a la responsabilidad en nuestras relaciones para que podamos descubrir el deseo de Dios con el propósito.

He estudiado 3 Juan 2 durante muchos años y, sin embargo, todavía me sorprende. Nuestro mundo interior tiene un efecto sobre nuestra salud. Supongo que lo sabemos desde hace décadas. Los médicos nos han dicho que nuestra salud emocional, cuando se infecta con la amargura, la ira, los celos y el miedo, afecta nuestro cuerpo de manera muy destructiva. Por tanto, eso no es nuevo. Pero lo que aún agrega el factor sorpresa a mi pensamiento es que la medida en que mi alma prospera afecta mis finanzas.

En vez de ignorar la verdad debido a los riesgos involucrados, debemos volver a la humildad, al agradecimiento y a la responsabilidad en nuestras relaciones para que podamos descubrir el deseo de Dios con el propósito.
#nacisteparatrascender

En cierto sentido, esto es lógico. Por ejemplo, un mesero que está alegre y le encanta servir a la gente va a recibir más propinas. Un vendedor con una actitud similar tendrá más clientes, lo que se traducirá en más comisiones. Lo que más me conmueve de esto es que la forma en que una persona prospera no siempre es lógica. Siempre que tenemos una vida interior victoriosa, eso atrae el favor de Dios, que es lo que trae el aumento de los ingresos. La salud de nuestras almas tiene un gran efecto en nuestra salud física y financiera. Más específicamente, la Biblia afirma que debemos prosperar en todos los aspectos. Eso significa que en cada área de nuestra vida debe haber bendición.

LA FE ES UN TRABAJO INTERIOR

Tratar con nuestro mundo interior es fundamental para todos los asuntos de fe. Nuestro corazón es el asiento del afecto y el lugar de donde fluyen los asuntos que afectan nuestra vida. La fe también proviene del corazón, no de la mente. La fe no es una idea ni un concepto. No es una doctrina en la que se pueda creer. La fe es una expresión interior de confianza en que Dios es lo que dice ser y hace lo que dice que hará.

El ser más confiable del universo valora la confianza. La fe es la expresión más merecida que jamás podríamos darle a Dios, el perfectamente fiel. Es obvio que no es para satisfacer su ego, ya que él es la personificación del amor, que nunca busca lo suyo. (Ver 1 Corintios 13:5). Nuestra confianza en Dios es un acto de justicia. Considera esto: que se pueda confiar en el más digno de confianza del universo es un acto de justicia. La fe no es el resultado de esforzarse. Es resultado de la entrega. También es una expresión de santidad. Debido a que estamos separados para él, descubrimos su absoluta confiabilidad en todas las cosas, lo que resulta en una gran fe. Cuanto más separados estemos para él, más fácil se vuelve el tema de la fe.

La Escritura dice que sin fe es imposible agradar a Dios. No es que sea difícil de complacer, de alguna manera quisquillosa o enojada. Es simplemente injusto hacer lo contrario. No creerle es negar todo lo que está bien en el mundo, edificando nuestras vidas sobre lo inferior. Todo lo que esté fuera de la fe lucha contra los propósitos de Dios en la tierra. Para ser fieles a lo que es y a todo lo que se ha propuesto hacer con aquellos hechos a su imagen, es vital que creamos. Es vital que seamos personas de gran fe, porque él es el Dios de las grandes personas.

JESÚS TRAJO LO NUEVO

Lo que el Antiguo Testamento insinuaba, Jesús lo trató de frente. En lugar de usar signos externos de bendición como prueba de fuego del favor divino, Jesús habló de una realidad superior de la gracia divina obrando en el interior de la persona. Donde el Antiguo Testamento usó la riqueza y la fama como signos externos del favor divino, el Nuevo Testamento usa las realidades internas como evidencia real. Somos cambiados de adentro hacia afuera. Gran parte de la iglesia ha rechazado cualquier señal de que el favor externo sea erróneo y trágicamente no considera la prosperidad interna del alma como prioridad. La prosperidad financiera no es intrínsecamente mala o Dios nunca describiría el cielo con calles de oro y puertas de perlas. Por otro lado, al dinero no se le debe servir ni es la prioridad de la búsqueda del creyente. Se debe elegir la salud interna e incluso la riqueza interior.

Hasta Proverbios, escrito por el hombre más rico que jamás haya vivido, acertó este tema cuando escribió: "Y adquirir inteligencia vale más que la plata" (16:16). Lo que se vio en figura en el Antiguo Testamento es claro en el Nuevo. No fue hasta que pudimos experimentar el perdón completo del pecado y tener el Espíritu Santo que mora en nosotros que fue posible que todos se volvieran ricos internamente. Ahora es la norma. Al menos, se supone que sea así.

EL SERMÓN DE LOS SERMONES

El Sermón de la Montaña —y especialmente las Bienaventuranzas— aborda profundamente este tema. Las enseñanzas de Jesús a menudo abrumaban a los oyentes. Los oficiales enviados por los fariseos regresaron diciendo: "¡Nunca nadie ha hablado como ese hombre! —declararon los guardias!" (Juan 7:46).

Hay dos bienaventuranzas particularmente dignas de mencionarse en este contexto: "Bienaventurados los pobres en espíritu, porque de ellos es el reino de los cielos" (Mateo 5:3 RVR1960) y "Bienaventurados los de limpio corazón, porque ellos verán a Dios". (Mateo 5:8 RVR1960). Como mencioné anteriormente en este libro, la palabra bendito es equivalente al vocablo feliz. La felicidad pertenece a los *humildes* y los *gozosos*. Estos dos rasgos definen la naturaleza de nuestro mundo interno como prioridades de la vida del reino.

ASUNTOS DEL CORAZÓN

Jesús siempre abordó los asuntos del corazón. Ese es el lugar desde el que vivimos nuestras vidas. Es la razón básica por la que las cosas materiales son un mal termómetro para medir nuestra espiritualidad.

El manejo bíblico no es una restricción en el sentido de matar los sueños o la creatividad. Es todo lo contrario. El verdadero manejo del corazón es una invitación al propósito y la libertad. Las leyes de Dios no nos restringen la libertad ni nuestra propia expresión única. Cada uno de los mandamientos de Dios es una invitación a la vida. Aquel que nos diseñó sabe exactamente lo que se necesita para que seamos todo lo que él pretendía. Sus mandamientos son solo eso: invitaciones. Cada palabra nos invita a avanzar más en este trayecto relacional en el que lo conocemos más y lo contemplamos con mayor claridad. Quizás hayas leído que "cuando lo veamos, seremos como él" (1 Juan 3:2). Es cierto. Pero también se puede decir que "cuando lo veamos, llegaremos a ser como él".

Jesús siempre abordó los asuntos del corazón.
Ese es el lugar desde el que vivimos nuestras vidas.
Es la razón básica por la que las cosas materiales son
un mal termómetro para medir nuestra espiritualidad.
#nacisteparatrascender

Fracasar en la gestión de nuestro mundo interior y, en cambio, trabajar en la de nuestro comportamiento exterior solo es una invitación al desastre. Todos los asuntos de la vida fluyen de nuestro hombre interior. Ver esto con claridad es lo que nos ayuda a priorizar lo que es importante para él. Jesús advierte sobre el tipo de cosas que provienen del corazón de la persona, y es realmente aleccionador.

Pero lo que sale de la boca viene del corazón y contamina a la persona. Porque del corazón salen los malos pensamientos, los homicidios, los adulterios, la inmoralidad sexual, los robos, los falsos testimonios y las calumnias. Estas son las cosas que contaminan a la persona, y no el comer sin lavarse las mano.

—Mateo 15:18-20

Muchas de las cosas que no nos gustan de nuestras vidas se pusieron en práctica por primera vez por descuido en nuestro discurso. Y aunque es posible que pueda encontrar abusos a este principio en el poder de nuestras palabras a través de la confesión, el hecho sigue siendo el mismo: "La muerte y la vida están en el poder de la lengua". Así dice la Biblia: Proverbios 18:21, para ser exactos. Muchos que atacan los temas de la confesión y la fe han socavado su propia invitación a conocer y llegar a ser como el Hijo de Dios, Jesucristo, cuyas palabras eran espíritu y vida. (Ver Juan 6:63).

Somos discípulos de Jesús. Él dijo lo que decía el Padre. Tenemos acceso a esa misma realidad y podemos decir lo que está en el corazón de nuestro Padre celestial en cualquier momento. Pero cuando nuestro discurso contradice lo que él está diciendo, sin importar cuán espiritual les parezca a nuestros amigos, es una necedad. Y no hay ninguno de nosotros que disfrute de cosechar de las semillas plantadas en esos tiempos. La mente enfocada en la carne trae muerte y es incapaz de obedecer lo que Dios está diciendo. Un discurso tan dañino revela dónde ha puesto la mente su enfoque. (Ver Romanos 8:6-8). Y ya sea que te interese aceptarlo o no, ese enfoque carnal está en guerra con Dios.

Muchas de las cosas que no nos gustan de nuestras
vidas se pusieron en práctica por primera vez por
descuido en nuestro discurso. #nacisteparatrascender

Me parece alarmante que tantos hablen negativamente y piensen que Dios está de acuerdo con eso. El hecho de que algunos abusen de este principio para obtener ganancias egoístas no legitima el descuido de la verdad. El abuso de un principio nunca legitima el descuido de ese principio.

Cada palabra que Jesús pronuncia se convierte en espíritu y vida. Piensa en ello: las palabras se convierten en espíritu; se convierten en presencia. Y esa presencia da vida. Esa es la naturaleza de su voz para nosotros. Eso da vida al alma del oyente. Cuando nos asociamos con el Padre como Jesús lo ejemplificó, también damos vida a situaciones muertas.

DE ADENTRO HACIA AFUERA

Nuestra realidad interna se convierte en nuestra realidad externa. Esa es la naturaleza de la vida del creyente. Primero adentro, lo que significa que los pensamientos, ambiciones y deseos que son moldeados por la voluntad de Dios al final influirán y ayudarán a diseñar la naturaleza del mundo en el que viviremos.

Jesús durmió durante una tormenta, lo que muestra que tenía una gran paz. Pero cuando se puso de pie para enfrentarla reprendiéndola y luego declarando la calma, la tormenta se detuvo. No era rival para la paz que había en él. Su realidad interna se convirtió en su realidad externa.

Él se levantó, reprendió al viento y ordenó al mar:
—¡Silencio! ¡Cálmate!
El viento se calmó y todo quedó completamente tranquilo.
—Marcos 4:39 RVR1960

Estas historias son más que entretenimiento. Son patrones de por vida. Ilustran cómo se ve la mente renovada en un sentido práctico. La Biblia es el ancla del corazón y la mente, la plomada. El estándar establecido en las Escrituras es lo que nos introduce a la gracia que hace posible que vivamos como Jesús, por dentro y por fuera. Cuanto más refleje nuestro mundo interior su voluntad, más se puede confiar en nosotros para influir en el mundo que nos rodea.

Los de limpio corazón verán a Dios. La pureza en nuestro hombre interior nos permite ver lo que de otra manera no podríamos: Dios mismo. A él lo encuentran aquellos cuyos corazones son puros. La gracia nos da poder para realizar su voluntad. La ley requiere; la gracia habilita.

Uno de los mayores desafíos en el ministerio es entregarse a un grupo de personas, a una tarea, sin reconocer las ofensas de las personas a las que se está sirviendo. #nacisteparatrascender

---

El favor, por lo general, se manifiesta externamente. Se reconoce por el título, el recurso, la autoridad y la unción. Pero lo que él le da a nuestro hombre exterior es lo que está de acuerdo con lo que ha encontrado en el interior. Estamos diseñados para reflejar externamente lo que sucede tras escenario en nuestra vida privada. Un versículo citado antes en este libro es Proverbios 4:23: "Sobre toda cosa guardada, guarda tu corazón; porque de él mana la vida". Jesús dijo en Lucas 17:21: "He aquí el reino de Dios está entre vosotros" (RVR1960), lo que para mí significa que todos los asuntos del reino son asuntos del corazón. Y aunque es posible que no entienda todas las implicaciones de esas declaraciones, sé con certeza que mi prioridad es administrar bien mi mundo interior.

CÓMO VIVIR SIN OFENSA

Uno de los mayores desafíos en el ministerio es entregarse a un grupo de personas, a una tarea, sin reconocer las ofensas de las personas a las que se está sirviendo. ¿Puedes ministrar a los niños sin ofenderte con los adultos que no les dan prioridad a ellos? ¿Puedes ministrar a los adultos sin ofenderte con los jóvenes que no muestran respeto por los adultos? ¿Puedes servir a los pobres sin ofenderte con los ricos? ¿Puedes servir a los ricos sin ofenderte con los que no trabajan? ¿Puedes ministrar a una etnia sin ofenderte con otra? ¿Puedes servir a los presos sin enojarte con los que buscan justicia? Estas son situaciones muy reales y desafiantes.

He visto esto durante años y he visto a las personas entregarse en el ministerio a su tarea. El error se comete cuando sentimos la necesidad de demostrar nuestra solidaridad con ese grupo y, por ignorancia, captamos sus ofensas. Eso se disfraza de una especie de asociación. Es posible sentir el dolor de alguien sin contraer su enfermedad espiritual.

Estoy seguro de que muchos llamarían amargura a esa ofensa. La amargura en cualquier medida es de naturaleza contaminante. Una advertencia que se da en Hebreos 12:15 es que la amargura causa problemas y contamina a muchos. Creo que una de las principales cosas que nos impiden tener el impacto cultural que Dios nos ha asignado es el desafío de adentrarnos profundamente en los lugares oscuros de la vida y servir bien sin contaminarnos con los pecados que las personas cargan. Santiago lo expresó de esta manera:

> Pero si tenéis celos amargos y contención en vuestro corazón, no os jactéis, ni mintáis contra la verdad; porque *esta sabiduría* no es la que desciende de lo alto, sino terrenal, animal, diabólica. Porque donde hay celos y contención, allí hay perturbación y toda obra perversa.
>
> —Santiago 3:14-16 RVR1960

¿Qué acaba de decir él? Que la amargura y la autopromoción se disfrazan de sabiduría. Santiago escribe: *"Esta sabiduría* no desciende de lo alto, sino que es terrenal, sensual, demoníaca". ¿Lo viste? "Esta sabiduría". La amargura y la ofensa apelan a nuestra razón para satisfacer nuestra necesidad de justicia. Dan al titular una sensación de corrección. Tengo que conocer a una persona amargada que no tenga una buena razón. Aunque sea un razonamiento inferior.

Si está ofendida en su corazón hacia alguien, también atraerá la información y las personas de ideas afines que se necesitan para reforzar la ofensa. Es la invisible ley de la atracción. La gente siempre reforzará lo que realmente valora en el fondo de su corazón, ya sea bueno o malo. La raíz de eso es la jactancia, en otras palabras, orgullo. El orgullo atrae motivos de resentimiento. También inspira a la persona a mentir contra la verdad y llamarla verdad.

La parte más peligrosa de esta trampa es que atribuye al pecado de la amargura el don espiritual del discernimiento. Cada vez que tomamos la disfunción y le damos un nombre espiritual, le damos permiso para permanecer y crecer. Permanece hasta que echa raíces en nuestras personalidades. Lo que comienza como un pecado de la carne se convierte en un pecado espiritual, empoderado por lo demoníaco.

Mantener una actitud limpia lo es todo. *Todo.* Mantener la humildad de corazón y de mente es esencial para la salud general del individuo. Esto es, ser saludable por dentro primero. Todos los esfuerzos valen la pena.

Quizás sea por esta razón que Proverbios 4:23 dice: "Por sobre todas las cosas cuida tu corazón, porque de él mana la vida". Ha sido uno de mis versículos preferidos por más de cuarenta años. ¿Por qué? Porque de él fluyen los asuntos de la vida. Si pudieras, imagina por un momento cómo es el corazón de una persona y que de ese corazón fluyen muchas corrientes. Una corriente es la vida familiar, mientras que otra es la salud mental y otra son las finanzas, y así sucesivamente. Los problemas de la vida fluyen de ese lugar que debo vigilar. La más mínima ofensa, la más mínima irritación debe ser tratada rápidamente. Eso contamina todos los arroyos que fluyen de nuestras vidas y que se supone que se convertirán en ríos de vida para las naciones. No es de extrañar que el enemigo de nuestras almas trabaje tan fuerte para contaminar nuestro mundo interior con ese veneno.

Si tú o yo aceptamos inocentemente un pensamiento inferior y nos detenemos en él, después de unos tres o cuatro minutos, las raíces comienzan a asentarse porque el pensamiento que comenzó inocentemente se convirtió en una reacción de ofensa.

Cada vez que tomamos la disfunción y le damos un nombre espiritual, le damos permiso para permanecer y crecer. Permanece hasta que echa raíces en nuestras personalidades. Lo que comienza como un pecado de la carne se convierte en un pecado espiritual, empoderado por lo demoníaco. #nacisteparatrascender

---

Entonces las raíces se asientan en nuestra personalidad. Cuanto más tiempo nos detengamos en una ofensa, más profundas serán las raíces; hasta que finalmente afecten nuestra personalidad. De hecho, ellas moldean la manera en que pensamos y percibimos la realidad. Por eso la Biblia dice: "Si se enojan, no pequen. No permitan que el enojo les dure hasta la puesta del sol" (Efesios 4:26). No te vayas a la cama enojado. Enfréntalo antes de ese momento porque si esperas que llegue la noche, esa cosa se ensuciará y se infectará, y tendrás una infección profundamente arraigada en tu corazón de la que ya ni siquiera eres consciente. Ahí es donde, a veces, las personas pasan por experiencias traumáticas con el Señor; simplemente hay que liberarse de las cosas que han cargado durante años. Es probable que nunca lo hayan sabido. Simplemente lo aplastaron y lo escondieron, sin darse cuenta de que se convirtió en algo que realmente estaba envenenando su corazón. Normalmente decimos que eso es vivir en negación. La fe verdadera no niega la existencia del problema. Simplemente le niega al problema una posición de influencia. Aprender a mantenernos sanos por dentro es vital para nuestra fe.

Para mí, mi mundo interior se mantiene saludable gracias a mi relación franca y transparente con el Señor. Las cosas se mantienen saludables a través de la confesión de pecados, las actitudes incorrectas o incluso los momentos en los que se siente que Dios no cumplió su promesa. Nunca lo acuso, ya que sé que es perfectamente fiel y veraz. Es imposible que él mienta. Pero diré: "Dios, sé que es imposible que me desampares o me mientas. Pero realmente necesito tu ayuda, porque se siente como si no la tuviera". Luego recurro a las Escrituras y leo hasta que él sana y llena mi alma.

Es responsabilidad mía lidiar con mi mundo interior. La tarea no recae sobre los hombros de otro. El Espíritu Santo está listo, es capaz y está presente para que yo tenga éxito en este esfuerzo.

CAPÍTULO 13

CUANDO LOS REFORMADORES OLVIDAN

A mo a los reformadores. Esas personas viven con valentía los principios olvidados por las masas. Su resolución les permite resistir la oposición y cumplir las promesas de Dios que todos quieren, pero pocos están dispuestos a pagar el precio para obtenerlas. Viven con gran riesgo para que una generación futura sepa lo que es vivir en el favor y la bendición del Señor. Son multigeneracionales, si es que son algo.

Es necesario enfatizar que esas personas son las más raras de todos nuestros héroes de la fe, ya que han apuntado a la cultura misma. No es suficiente para ellos que su iglesia o parroquia tenga éxito en conseguir muchos conversos. No es suficiente que tengan una gran influencia en toda la iglesia. Si bien esas cosas serían el gran premio para muchos líderes a lo largo de la historia, esta extraña raza no puede permanecer callada hasta que la cultura misma cambie para adaptarse a lo que Dios tiene la intención de hacer en el planeta tierra.

Viven con la convicción básica de que existen respuestas bíblicas para cada problema y desafío social. Tienen la ardiente convicción de que hay más y que sus hijos y sus nietos deben ser los que hereden lo que Dios está haciendo. Y aunque la siguiente cita de uno de los padres fundadores de Estados Unidos puede parecer fuera de lugar para algunos, ilustra algo de una progresión en el pensamiento, la influencia y las libertades que se encuentran en una sociedad desarrollada.

Debo estudiar política y guerra, para que nuestros hijos tengan la libertad de estudiar matemáticas y filosofía. Nuestros hijos deben estudiar matemáticas, filosofía, geografía, historia natural, arquitectura naval, navegación, comercio y agricultura para que sus hijos tengan derecho a estudiar pintura, poesía, música, arquitectura, escultura, tapicería y porcelana.

—John Adams, Cartas de John Adams, dirigida a su esposa

Me encanta la sabiduría de esas palabras. Revela la realidad a menudo olvidada de que un gran avance en una generación crea una herencia y un impulso para la siguiente. Una generación se ocupa de las cosas más difíciles de la vida con el fin de que se puedan hacer preparativos para que la próxima generación aproveche sus logros. A eso se suma la idea de que dos generaciones de distancia pueden tener la libertad de explorar la creatividad y la expresión artística que no se les brinda a quienes los precedieron. Es una cita muy querida para mí personalmente debido a su comprensión de las capas de la cultura y su alcance en la visión para las generaciones futuras.

FAVORITOS

Supongo que podría decir que, para mí, cualquier verdadero reformador es una figura histórica favorita. Son tan pocos y distantes entre sí. Me encanta su pasión por creer más de lo que es normal. Al hacerlo, a menudo eclipsan el impacto de otros grandes líderes espirituales. Eso es lo que hacen los reformadores. Pero debo admitir que tengo dos que me gustan más. El primero es Hans Nielsen Hauge, un reformador noruego que fue un animador entusiasta, un emprendedor, un hombre de negocios y un verdadero reformador. Fue horriblemente incomprendido y maltratado por su gobierno mientras predicaba sin permiso, muriendo en sus cincuenta por la mala salud contraída durante su permanencia en prisión. Su huella en Noruega permanece hasta el día de hoy. Y el segundo es Ezequías, un rey destacado en la historia de Judá. Es el último de los dos del que quiero hablar en este capítulo.

UN COMIENZO EN LA OSCURIDAD

A menudo se pasa por alto a Ezequías como un reformador, tal vez porque vivió en los días del Antiguo Testamento, sin embargo, de alguna manera, puede ser el más grande de todos los reformadores que podríamos enumerar. Su crianza fue una pesadilla. Heredó el trono de su padre, un loco espiritual. Al ver dónde comenzó y los desafíos que tenía por delante en su propia casa, podemos apreciar mejor la tarea que le esperaba a ese joven durante sus años de crecimiento.

Un gran avance en una generación crea una herencia y un impulso para la siguiente. #nacisteparatrascender

---

El padre de Ezequías, Acaz, era un hombre muy malvado, un adorador de ídolos que diezmó el templo de Dios en Jerusalén antes de cerrar sus puertas como un lugar para adorar al único Dios verdadero. También hizo lo impensable al sacrificar a algunos de sus propios hijos a dioses falsos. Ezequías fue un sobreviviente de tales atrocidades.

Se pensaba que dar tal ofrenda a los ídolos aumentaría el poder de esa persona en la vida. Por supuesto, sabemos que tiene el efecto contrario. Siempre que las personas adoran a dioses falsos, pierden un poco de sí mismos en el proceso. El salmista describe a los ídolos y a sus adoradores: "Tienen boca, pero no pueden hablar; ojos, pero no pueden ver. Semejantes a ellos son sus hacedores, y todos los que confían en ellos" (Salmos 115:5,

8). Adorar a dioses falsos nos hace como el dios al que se adora: no puede ver, hablar, tocar ni oír y, nos volvemos como ellos, perdiendo nuestra humanidad en el acto de entregarnos a algo tan absurdo como eso.

Lo mismo es cierto en la actualidad cada vez que caemos en la idolatría, la que se resume con la palabra *codicia*. (Ver Colosenses 3:5).

Es asombroso pensar que cualquiera que se haya criado en esa atmósfera pueda salir cuerdo y, mucho menos, ser un gran líder. Pero eso es exactamente lo que pasó. Dios usó a Ezequías para restaurar la vida espiritual de Judá como nación, y lo describió como su padre, David. Acaz era su padre natural, pero su corazón y su comportamiento lo conectaron con David, que vivió casi trescientos años antes que él.

David se convirtió en el modelo por el cual se medía a todo rey. En este interesante versículo, vemos el significado profético de la vida de David: "El más débil entre ellos será como David, y la casa real de David será como Dios mismo, como el ángel del Señor que marcha al frente de ellos" (Zacarías 12:8). Qué comparación más inusual de la grandeza de una persona yace en esta promesa profética.

Ser comparado con David era el mayor halago que un rey podía recibir de Dios.

Ezequías tenía veinticinco años cuando ascendió al trono, y reinó en Jerusalén veintinueve años. Su madre era Abías hija de Zacarías. Ezequías hizo lo que agrada al Señor, pues en todo siguió el buen ejemplo de su antepasado David.

—2 Crónicas 29:1-2

Esa es una hermosa declaración: "Hizo lo que agrada al Señor". Esto es por lo que David era conocido. David tenía un corazón como el de Dios, lo que significaba que valoraba lo que Dios pensaba y sentía. Eso es lindo. Y ahora Ezequías, el hombre educado bajo un ocultista, estaba a punto de liderar la carga por la reforma social. Y una vez más, lo hizo volviendo a los valores enseñados y practicados por su padre, David.

LO PRIMERO ES LO PRIMERO

El pueblo de Dios había caído en la adoración idólatra bajo Acaz. Era común que las naciones vecinas los influenciaran cada vez que perdían la responsabilidad de ser una influencia positiva. Es importante que recordemos que no estamos simplemente hablando de prácticas religiosas inusuales. El pueblo de Dios estuvo involucrado en cosas que atraen el reino demoníaco a las vidas en una naturaleza muy oscura y opresiva. Los sacrificios por sí solos invitarían al diablo a lugares de gran influencia en toda la sociedad, donde podría matar, robar y destruir. Ezequías asumió el trono en ese momento tan peligroso.

Su primera tarea fue destruir la adoración de dioses falsos que había instituido su padre. Derribó los ídolos y los dioses falsos, y abolió la adoración en los lugares altos que ni siquiera Salomón había tratado. Ezequías purgó la tierra de esas prácticas demoníacas, restaurando su responsabilidad de sacrificarse solo a Dios. No sería exagerado decir que enfrentó oposición en sus reformas. Pero su mirada estaba fija en su propósito divino. Nada lo desviaría de su momento. En 2 Crónicas 29:11, leemos la exhortación a su pueblo.

Así que, hijos míos, no sean negligentes, pues el Señor los ha escogido a ustedes para que estén en su presencia, y le sirvan, y sean sus ministros y le quemen incienso.

Esta palabra fue dada a los sacerdotes. El significado de ese momento está nuevamente vinculado a David y a la vida que modeló y que, incluso, iba a tener un efecto en la era de la iglesia. Ezequías estaba liderando una reforma al expulsar la maldad de la adoración a los dioses falsos y reemplazarla con la adoración que el rey David instituyó durante su reinado. Esto es más importante de lo que la mayoría de nosotros creemos. Cuando Dios estaba guiando a Esdras y Nehemías a la reconstrucción de la ciudad de Jerusalén, comenzaron por reconstruir el templo. Decidir a qué o a quién adoraremos determina lo que construiremos. Siempre nos convertimos en lo que adoramos. Esto es fundamental para toda reforma.

LA REFORMA DE DAVID

Natán y Gad fueron unos profetas que sirvieron al rey David. Pero Hechos 2:29-31 dice que el mismo David también fue profeta: "David ... era profeta y ... previó lo que iba a suceder ... afirmó". Esto sería muy significativo, ya que estaban a punto de recibir una instrucción de Dios que no tenía sentido y, aun más desafiante, era contraria a la ley bajo la cual vivían. Esa instrucción tenía que ver con la adoración.

> Decidir a qué o a quién adoraremos determina lo que construiremos. Siempre nos convertimos en lo que adoramos. #nacisteparatrascender

Esta parte de la historia de David es importante en este capítulo porque esto es lo que luego Ezequías restauró a Israel. Aquí hay un poco más de la historia: Natán y Gad confirmaron lo que sin duda David aprendió mientras estaba en el desierto cuidando las ovejas de su padre. Dios no busca la sangre de toros y cabras, sino el sacrificio que proviene de un corazón rendido.

El sacrificio que te agrada
    es un espíritu quebrantado;
tú, oh Dios, no desprecias
    al corazón quebrantado y arrepentido.

—SALMOS 51:17

Su papel profético también fue muy significativo, por lo que Dios sin duda los usó para confirmar lo que David había estado sintiendo, lo cual veremos más adelante en la historia. Lo que David provocó en su tiempo fue contrario a todo lo que habían aprendido previamente sobre su acercamiento a Dios. El arca del pacto era el lugar donde descansaba la presencia de Dios para la nación de Israel. A los sacerdotes nunca se les permitió comparecer ante el arca, excepto al sumo sacerdote en el Día de la Expiación. Un día al año. Eso es.

Cuando David se convirtió en rey, acogió el deseo de Dios al respecto. Los sacerdotes iban ante el arca, la presencia real de Dios, las veinticuatro horas del día, los siete días de la semana. Era un ministerio constante y continuo para Dios mismo. Eso se hacía con instrumentos musicales y coros. Cuando consideras que Dios habita en las alabanzas de su pueblo, ves cómo eso cambió por completo la atmósfera de Jerusalén. La presencia manifiesta de Dios, sin duda, impactaba al pueblo de Jerusalén de manera profunda.

Cuando consideramos el efecto de la presencia del Espíritu de Dios sobre el predecesor de David, el malvado rey Saúl, vislumbramos lo que era posible. Saúl perseguía a David para matarlo. Se metió en un grupo de profetas cuando la presencia de Dios lo abrumó tanto que profetizó con la precisión de un profeta experimentado. Bajo el gobierno de David, Israel se estaba convirtiendo en una tierra basada en la presencia, con una cultura fundamentada en la presencia.

Por desdicha, Salomón, que siguió a su padre David como rey de Israel, nunca entendió realmente por qué David fue exitoso. La continua adoración e intercesión que se realizaba en el lugar llamado el tabernáculo de David, construido en el monte Sión, fue sin duda la mayor influencia en la nación durante el gobierno de David. Este tipo de ministerio a Dios terminó en los días de Salomón.

Es curioso ver, en Amós 9, que el profeta del Antiguo Testamento predijo que Dios reconstruiría el tabernáculo de David en los últimos días, lo que Santiago citó en Hechos 15:16. Santiago usó ese versículo para anunciar lo que es ahora. Y, sin embargo, habría una restauración de ese ministerio mucho antes de que comenzaran los últimos días. Ezequías captó esa visión.

EZEQUÍAS RECONSTRUYE

De alguna manera, Ezequías se enteró de los logros de David, y el Señor le dio una idea acerca de la razón del éxito de David. Su imprudente entrega a la adoración marcó a Israel para siempre. Cuando Ezequías se convirtió en rey, trabajó para restaurar a su nación a su lugar de fortaleza histórica al regresar al modelo que David había establecido.

Su primera tarea fue preparar a los sacerdotes para su asignación en la vida.

> Estos reunieron a sus parientes, se purificaron y entraron en el templo del Señor para purificarlo, cumpliendo así la orden del rey, según las palabras del Señor.
>
> —2 Crónicas 29:15

Después de muchos años de negligencia y abuso de las actividades impías del rey anterior, la casa de Dios tuvo que ser limpiada y restaurada. Ezequías siguió eso al establecer la instrucción para esos sacerdotes.

> Ezequías instaló también a los levitas en el templo del Señor, con música de címbalos, arpas y liras, tal como lo habían ordenado David, Natán el profeta, y Gad, el vidente del rey. Este mandato lo dio el Señor por medio de sus profetas.
>
> —2 Crónicas 29:25

Este pasaje revela la prioridad de la adoración, pero también el papel que jugaron Natán y Gad en esa decisión. Era esencial tener un consejo piadoso al respecto, ya que estaban siguiendo a Dios de manera estricta. Nadie había hecho eso antes. Nunca. Y ahora iban a acercarse al arca de Dios con cánticos. Cualquier tratamiento inadecuado del arca provocaba la muerte, por lo que eso no fue un asunto menor. Y ahora Ezequías se embarcaría en el mismo viaje.

¡DIOS PRESUMIÓ DE EZEQUÍAS!

Seamos francos. Todos vivimos para ese momento en que hemos de escuchar: "Bien hecho, buen siervo y fiel". Tener el reconocimiento y el elogio de Dios no tiene precio. Jesús hizo eso varias veces, presumiendo de la extraordinaria fe de la gente. Pero aquí Dios destaca el gran impacto de este reformador.

> Ezequías hizo lo que agrada al Señor, pues en todo siguió el ejemplo de su antepasado David. Quitó los altares paganos, destrozó las piedras sagradas y quebró las imágenes de la diosa Aserá. Además, destruyó la serpiente de bronce que Moisés había hecho, pues los israelitas todavía le quemaban incienso, y la llamaban Nejustán. Ezequías puso su confianza en el Señor, Dios de Israel. No hubo otro como él entre todos los reyes de Judá, ni antes ni después. Se mantuvo fiel al Señor y no se apartó de él, sino que cumplió los mandamientos que el Señor le había dado a Moisés. El Señor estaba con Ezequías, y por tanto este tuvo éxito en todas sus empresas. Se rebeló contra el rey de Asiria y no se sometió a él.
>
> —2 Reyes 18:3-7

En primer lugar, se compara a Ezequías con David, cuyo reinado fue el punto culminante de la historia de Israel. En segundo lugar, derribó los lugares altos, lo que ni siquiera logró Salomón. Lo llevó a otro nivel al destruir la adoración de dioses falsos. Derribó sus altares. Destruyó la serpiente de bronce de Moisés. Esto es interesante porque fue un momento dado por Dios cuando Moisés hizo lo que Dios le ordenó que hiciera. Pero el pueblo de Dios comenzó a adorar la herramienta que Dios usó para traer sanidad, en lugar de al Dios que traía esa sanidad. Ningún artefacto merece adoración. Hay que eliminarlo. Al seguir las instrucciones de lo que destruyó, se comportó de la manera más significativa. Dice que Ezequías confió en el Señor, se aferró al Señor y no dejó de seguir al Señor. Eso es realmente asombroso.

Es posible impresionar a Dios tan profundamente que brinde favor y protección a una generación que nunca verás. #nacisteparatrascender

---

Cuando se atienden las prioridades, Dios se ocupa del resto. Este principio es similar a Mateo 6:33, "busquen primeramente el reino de Dios y su justicia, y todas estas cosas les serán añadidas". Siempre que atendemos a las cosas que le importan a Dios, él atiende a las cosas que nos importan a nosotros. Esa es una asociación hermosa.

El comienzo del último versículo del pasaje de 2 Reyes 18 lo vale todo: "El Señor estaba con Ezequías". El resultado de la prioridad de la presencia de Dios es lo que hizo prosperar a Ezequías.

Como resultado, Dios declaró que nunca había habido nadie tan grande como Ezequías. ¿Incluyó eso a David y a Salomón? No lo sé. Pero lo que sí sé es que Dios fue movido por las decisiones y prioridades de ese rey. Luego marcó a ese hombre con su presencia.

LOS DESAFÍOS LLEGAN

Después de esa gran temporada de bendición e incremento, surgieron problemas. Durante ese tiempo, recibieron intimidaciones de las naciones vecinas y sus líderes, con amenazas de guerra hasta aniquilarlos. Aquí vemos que el rey Ezequías aprendió a orar.

Entonces Isaías hijo de Amoz le envió este mensaje a Ezequías: Así dice el Señor, Dios de Israel: Por cuanto me has rogado respecto a Senaquerib, rey de Asiria, te he escuchado.

—2 Reyes 19:20

Al Señor lo conmovieron sus oraciones e hizo que sus enemigos se destruyeran a sí mismos. Luego le dio su razonamiento: "Por mi causa y por consideración a David mi siervo defenderé esta ciudad y la salvaré" (2 Reyes 19:34).

¿Lo ves? Es la influencia del rey David cientos de años antes todavía ejercía influencia. Dios los protegerá por su propio bien y el de David. Es un pensamiento poderoso ver que el amor de Dios y el de David corren por caminos paralelos. Dios los consideró uno y el mismo. Esto es lo que me conmueve en lo más profundo: es posible impresionar a Dios tan profundamente que brinde favor y protección a una generación que nunca verás. Es asombroso pensar que cada uno de nosotros puede efectuar ese tipo de impacto en el corazón de Dios. David estableció el requisito para todos nosotros en estos asuntos.

LOS DESAFÍOS AUMENTAN

Ezequías se enfermó y estaba a punto de morir. De hecho, el profeta Isaías vino a verlo y le dijo que era hora de poner sus asuntos en orden ya que iba a morir. Ezequías aprendió a orar en momentos en que se veía amenazado por la guerra y la destrucción. Así que volvió su corazón hacia el Señor nuevamente.

"Recuerda, Señor, que yo me he conducido delante de ti con lealtad y con un corazón íntegro, y que he hecho lo que te agrada". Y Ezequías lloró amargamente.

—2 Reyes 20:3

Me encantan las oraciones en las que el pueblo le recuerda a Dios su obediencia. Solo puede hacer eso cuando hay equidad en las relaciones y está seguro de que Dios responderá. No es que se olvide. Nunca. Pero este tipo de oración es buena para nosotros porque nos pone en línea con Dios y nos hace recordar y declarar la realidad del pacto con él. Es algo humillante para nosotros recordarle a Dios nuestra obediencia. Nos coloca en un lugar de abandono con expectación.

Antes de que Isaías saliera del patio del palacio, Dios volvió a hablar y le prometió a Ezequías quince años más. Isaías regresó para darle las buenas nuevas.

> Voy a darte quince años más de vida. Y a ti y a esta ciudad los libraré de caer en manos del rey de Asiria. Yo defenderé esta ciudad por mi causa y por consideración a David mi siervo.
>
> —2 REYES 20:6

Fíjense, insisto en que hay otro gran avance para Ezequías y su familia por el amor de Dios y el de David.

FRUSTRACIÓN PERSONAL

Aquí es donde tengo problemas con muchos de los que enseñan sobre esta historia. Es bien sabido que Ezequías tiene algunos problemas importantes después de ese momento. Veremos por qué, en un minuto. Mi conflicto es con los que dicen: "Ezequías nunca debió pedirle a Dios que le perdonara la vida. Debería haberse conformado con la voluntad de Dios".

Eso es irritante porque responder a Dios en oración cuando surgen problemas o desafíos es la voluntad de él. Así es como nos diseñó a todos: ¡a que oremos! Esa lógica hace que nunca quiera orar porque, quién sabe, tal vez oraré por algo que Dios no quiere y, como resultado, fracasaré. Eso quita el viento de mi vela bastante rápido.

La oración es idea de Dios. Y me consuela saber que Dios siempre se reserva el derecho de no contestar ninguna oración que socave mi propósito en la vida. Él es Dios, conoce el principio y el fin, y siempre tiene presente mi mejor interés. Él respondió a la oración de Ezequías porque Ezequías oró. Punto. Ezequías arriesgó todo con sus oraciones apasionadas y conmovió a Dios para que actuara a su favor. Es hermoso. Pero lo que hiciera Ezequías con ese momento dependía completamente de él.

COMIENZA LA CAÍDA

La recuperación de Ezequías de la enfermedad se hizo muy conocida, al igual que su prosperidad y su fama. Las naciones vecinas sabían que Dios lo había defendido de sus enemigos, por lo que había cierto temor asociado con su nombre. Su vida bendecida fue una señal del favor de Dios. Pero creó un deseo que iba en contra del propósito de su vida.

Ezequías llegó a tener muchas riquezas y a gozar de gran prestigio. Acumuló grandes cantidades de plata, oro, piedras preciosas, perfumes, escudos y toda clase de objetos valiosos. Tenía depósitos para almacenar trigo, vino y aceite, establos para toda clase de ganado, y rediles para los rebaños. También edificó ciudades, y era dueño de inmensos rebaños de ganado mayor y menor, pues Dios le concedió muchísimos bienes. Ezequías fue también quien cegó la salida superior de las aguas de Guijón y las desvió por un canal subterráneo hacia la parte occidental de la Ciudad de David. En fin, Ezequías tuvo éxito en todas las obras que emprendió. Sin embargo, cuando los príncipes de Babilonia enviaron una embajada para investigar acerca de la señal extraordinaria que había tenido lugar en el país, Dios se retiró de Ezequías para probarlo y descubrir todo lo que había en su corazón.

—2 Crónicas 32:27-31

Da miedo quedarse solo. Pero con Dios es bueno estar. Dios no nos da un trato silencioso como el que se dan las personas unas a otras. Por lo general, cuando está en silencio, es porque ya ha hablado, y depende de nosotros encontrar lo que se ha dicho. Cuando Dios está en silencio, nos está dando la oportunidad de recordar lo que ya nos ha enseñado, por lo que vivimos de los principios adquiridos durante esa temporada.

En términos teológicos, sabemos que Dios nunca nos dejará ni nos desamparará. Esa es su promesa, su pacto. Pero también es cierto que hay momentos en que la "presencia palpable" de Dios se va. En esos momentos o temporadas, parece acabar nuestra capacidad de percibirlo. Vivir conscientes de Dios es el gran placer de la vida.

Cuando Dios está en silencio, nos está dando la oportunidad de recordar lo que ya nos ha enseñado, por lo que vivimos de los principios adquiridos durante esa temporada.

#nacisteparatrascender

Una parte aleccionadora de la historia de la iglesia es que podemos ver la vida de una persona tras otra que hicieron las cosas asombrosamente bien cuando el Espíritu de Dios estaba sobre ellos. Participaron en grandes hazañas, enormes milagros y una fe audaz. Pero esas mismas personas, a menudo, colapsaban cuando el Espíritu de Dios se iba.

Ese fue el caso de Ezequías en cuanto a mostrar que lo que estaba en su corazón en el punto más alto de su vida todavía estaba en él en ese momento de prueba. La visita de los líderes babilónicos es una parte interesante de la historia, que revela una grieta —en los fundamentos del rey— que no había surgido antes. Acudieron a llevarle regalos después que se enteraron de que había estado enfermo. No estoy seguro si fueron malintencionados cuando lo visitaron. Puede que haya sido un gesto de buena voluntad.

Entonces muchos fueron a Jerusalén con ofrendas para el Señor y regalos para Ezequías, rey de Judá. De este modo aumentó el prestigio de Ezequías entre todas las naciones.

—2 Crónicas 32:23

Ezequías ocupaba cada vez más el centro de atención, convirtiéndose en el blanco de obsequios, bendiciones, elogios y mucha atención internacional. El que fue blanco de ataques militares y mucho desprecio entre las naciones era ahora el favorito de los medios, para usar un término moderno. Algo maravilloso y aterrador sucedió. Ezequías había aprendido a vivir con rectitud bajo presión y desprecio. Ahora tendría que lidiar con su corazón durante los tiempos de gracia y abundancia.

Ezequías se alegró al recibir esto y les mostró a los mensajeros todos sus tesoros: la plata, el oro, las especias, el aceite fino, su arsenal y todo lo que había en ellos. No hubo nada en su palacio ni en todo su reino que Ezequías no les mostrara.

—2 Reyes 20:13

El rey se conmovió por toda esa atención, tanto que les mostró todo lo que poseía. La necesidad de obtener el favor de la gente, especialmente de los de fuera, es una debilidad potencial que Salomón había modelado antes que él. Sin embargo, no sirvió como advertencia a Ezequías en cuanto a que no debía haberlo hecho. Ahora estaba haciendo lo mismo, aunque se manifestaba de manera diferente. Quería parecer bendecido y poderoso ante los líderes de otras naciones cuando, en realidad, ya lo era. Perdemos mucho cuando luchamos por obtener lo que ya tenemos.

Esa inseguridad es el comienzo de una espiral descendente de la que es difícil salir. Algo tan simple como la necesidad de ser reconocido, a menudo por personas que no importan, se convierte en un punto de quiebre. Ezequías quería el respeto de Babilonia, de todos los lugares. Siempre que Dios expone nuestra inseguridad, nos hace un favor. Como digo yo, la inseguridad es una seguridad incorrecta expuesta.

Perdemos mucho cuando luchamos
por obtener lo que ya tenemos.
#nacisteparatrascender

Es fácil pensar que el favor de los incrédulos es la meta principal del cristiano. El favor es un regalo maravilloso cuando proviene de nuestro vivir bajo el señorío de Jesús. Pero cuando se obtiene mediante un compromiso, solo se mantendrá mediante eso, el compromiso. Eso crea un debilitamiento de carácter que es de naturaleza catastrófica y que, al final, destruye cualquier rastro de favor divino para un entorno secular. Es vital para nosotros recordar que el favor viene del Señor. Permíteme decirlo de otra manera: el único favor que vale la pena tener es el favor que Dios nos ha dado mientras prosperamos bajo el señorío de Cristo. Es el regalo que nos da a nosotros.

Considera esto: Ezequías fue fuerte en la batalla. Fuerte al establecer las reformas, independientemente de la oposición. Buscó a Dios en medio de un desastre nacional, así como cuando fue asaltado por una enfermedad. Se sabía que oraba con eficacia en el momento adecuado y de la manera correcta.

Aprender a orar con pasión es mucho más fácil cuando enfrentamos dolor o conflicto. Las oraciones apasionadas marcan la mayor diferencia en nuestras vidas. Si una oración no me conmueve, no es probable que conmueva a Dios. Pero si sabemos orar con pasión solo cuando estamos en una prueba, oraremos con eficacia solo en medio de los problemas. ¡El desafío es ir más allá y aprender a orar apasionadamente por la esperanza!

El apóstol Pablo nos enseñó esta lección bastante bien.

Sé lo que es vivir en la pobreza, y lo que es vivir en la abundancia. He aprendido a vivir en todas y cada una de las circunstancias, tanto a quedar saciado como a pasar hambre, a tener de sobra como a sufrir escasez. Todo lo puedo en Cristo que me fortalece.

—Filipenses 4:12-13

La lección me parece clara. "Todo lo puedo..." se refiere tanto a los momentos de abundancia como a los de miseria. Pablo necesitaba la misma fuerza cuando estaba en tiempos de abundancia como cuando padecía gran necesidad. Este ha sido el desafío por siglos. ¿Cómo podemos ser bendecidos y seguir dependiendo de Dios? Si no aprendemos esto, nuestra influencia ha de ser limitada. Si podemos aprenderlo bien, se nos dará acceso a la parte de la Gran Comisión que a menudo se piensa que está fuera de nuestro alcance: discipular a las naciones. Solo las personas bendecidas pueden tener éxito en esa asignación.

LA PRUEBA

Este es un momento de prueba. A veces, la prueba no es difícil, en el sentido de que se centra en el problema o la crisis. Dije anteriormente que las pruebas son más fáciles cuando estamos conscientes que nos están probando. Dicho de otra manera, nuestras mejores pruebas se producen cuando no sabemos que nos están probando. En este caso, el éxito es la mayor prueba. La prueba es ver con qué medida de gloria podemos vivir.

En este punto, podrías estar pensando: "Pero Bill, Dios no le da su gloria a otro". Y eso es cierto. Pero no somos otro. Somos miembros de su cuerpo, creados para la gloria. Y ese es el problema del pecado. La Biblia dice: "Por cuanto todos pecaron y están destituidos de la gloria de Dios" (Romanos 3:23 RVR1960). La gloria fue el objetivo original que no alcanzamos debido al pecado. La sangre de Jesús nos restaura a su intención original: vivir en la gloria. El objetivo no es que seamos glorificados. Eso sería una perversión horrible de su diseño y su propósito. La meta es que vivamos en su gloria de tal manera que Dios mismo sea exaltado aún más.

Si los cimientos de nuestras vidas tienen fracturas, se hacen obvias y comienzan a desmoronarse bajo el aumento de la gran bendición y la gloria. Por eso se nos advierte que no cedamos ciertas responsabilidades a los nuevos creyentes. Porque caerán bajo el peso. Las personas experimentadas manejan las partes más importantes de la vida con gracia y estabilidad. La cantidad correcta es la que cargamos responsablemente para su gloria. Esa medida no nos aplasta; nos afirma.

Para tener éxito en estos tiempos, Ezequías tendría que vivir de las cosas que aprendió bajo el fuego de la dificultad. Las lecciones aprendidas con los problemas de la vida son las que deben hacer recordar las bendiciones. Entonces, ¿qué aprendió? Aprendió a obedecer. Aprendió a orar absolutamente rendido a Dios. Esas son las cosas que podrían llevarlo a una mayor gloria.

Había sido entrenado a fondo para ese momento de bendición. La exaltación es a menudo la recompensa por vivir con humildad. A menudo, confiar en Dios a pesar de las circunstancias es lo que prueba nuestra humildad. Ezequías ya había tenido éxito con esos problemas del pasado, pero tendría que volver a hacerlo recordando su *por qué*. Tendría que recordar qué lo llevó a donde estaba.

Las lecciones aprendidas con los problemas de la vida son las que deben hacer recordar las bendiciones. #nacisteparatrascender

---

LO OPUESTO DE UN REFORMADOR

Un equipo de liderazgo de Babilonia llegó con regalos a visitar a Ezequías. Como quería impresionar a los extranjeros, les mostró todo lo que poseía. No dejó nada sin que lo vieran. Mostrar moderación, especialmente cuando estás con personas con las que no tienes ninguna relación, es el camino de la sabiduría en el pensamiento del reino. Hacer alarde de las bendiciones para obtener un favor mayor socava nuestro propósito. Ezequías cambió su posición de seguridad con Dios por el agrado que producen las opiniones de los demás. El miedo al hombre es la raíz de un sinfín de problemas para todos.

> Entonces el profeta Isaías fue a ver al rey Ezequías y le preguntó:
> —¿Qué querían esos hombres? ¿De dónde vinieron?
> —De un país lejano —respondió Ezequías—. Vinieron a verme desde Babilonia.
> —¿Y qué vieron en tu palacio? —preguntó el profeta.
> —Vieron todo lo que hay en él —contestó Ezequías—. No hay nada en mis tesoros que yo no les haya mostrado.
> —2 Reyes 20:14-15

Todavía no se había percatado de nada. "De un país lejano" iba a hacer que la punzada de culpa pareciera menos importante de lo que era. En otras palabras, sabemos por estas palabras al profeta que él sabía más. Cuando exageramos las descripciones para que las cosas parezcan mejores de lo que son, estamos practicando una sutil torpeza. Se siembran semillas en esos momentos que tendremos que cosechar. Y no será divertido.

> Entonces Isaías le dijo:
> —Oye la palabra del Señor: Sin duda vendrán días en que todo lo que hay en tu palacio, y todo lo que tus antepasados atesoraron hasta el día de hoy, será llevado a Babilonia. No quedará nada —dice el Señor—. Y algunos de tus hijos, tus propios descendientes, serán llevados para servir como eunucos en el palacio del rey de Babilonia.
> —2 Reyes 20:16-18

En otras palabras, cuando uno transige para obtener un favor, pierde el favor que tenía. ¿Qué esperaba el Señor de ese rey? Estaba buscando un rey que orara como lo hacía cuando se enfrentaba a la enfermedad y las amenazas de aniquilación a través de la guerra. La Biblia dice que esa es la postura de oración que Dios busca (Ezequiel 22:30). Describe una posición de protección en cuanto a los demás en nuestras oraciones. Dios estaba esperando que Ezequías tomara en serio la palabra de juicio y clamara por misericordia. Él ya tenía una historia con Dios y sabía cómo era. Pero en vez de vivir como reformador, por el bien de una generación venidera, respondió de una manera impensable.

—El mensaje del Señor que tú me has traído es bueno —respondió Ezequías.

Y es que pensaba: "Al menos mientras yo viva, sin duda que habrá paz y seguridad".

—2 Reyes 20:19

La respuesta de este héroe de la fe es insensata. Literalmente. ¿Cómo es que el padre de un movimiento reformador pierde la noción de su propósito en la medida en que concuerda con hacer que toda una generación sufra por sus malas decisiones? Es como si el Señor dijera: "Lo que has hecho al alardear de tu bendición para obtener un favor ilegítimo les saldrá caro a tus descendientes". Y la respuesta de Ezequías es la peor parte de la historia: "Al menos mientras yo viva, sin duda que habrá paz y seguridad". ¿Cómo es posible, incluso para un mal padre, estar de acuerdo con que sus hijos sean vendidos como esclavos y convertidos en eunucos, que obviamente es su sufrimiento por sus malas decisiones? ¿Y eso le parecía bien? Es una locura lo ciegos que puede hacernos nuestro propio orgullo. Como dice la Escritura: "El orgullo precede a la destrucción" (Proverbios 16:18). La evidencia de esa verdad es clara con este ex gran rey.

Cuando uno transige para obtener un favor, pierde
el favor que tenía. #nacisteparatrascender

El Señor está buscando padres que mantengan su responsabilidad sacerdotal y que digan: "No, con mis hijos no, Dios. Ellos no pecaron contra ti y no se lo merecen. Fui yo el que pecó. Fue mi orgullo. Por favor, perdóname y ten misericordia de mis hijos". Sin embargo, aquí tenemos a un hombre que no se conmueve por la advertencia de que sus hijos serán llevados cautivos por la misma gente que vio sus tesoros.

Hay un momento y un lugar para la transparencia, pero ese no era el momento. Eso no es una herramienta para impresionar a los demás. Ezequías se volvió tan insensible por su necesidad de reconocimiento que perdió la oportunidad de orar. Él ya conocía la misericordia de Dios en esos momentos. Tenía una historia muy respetada con Dios en ese aspecto. Pero el orgullo le quita al corazón la pasión por Dios, pura y simplemente. El orgullo es, verdaderamente, un ladrón.

EL PROBLEMA DE RAÍZ

Ezequías era conocido por reconstruir un estilo de vida de adoración para la nación y especialmente para los sacerdotes del Señor. David marcó el patrón. Pero Ezequías falló en mantener su participación personal de la misma manera que lo hizo David. Estoy seguro de que todavía le dio sacrificios a Dios y continuó con la rutina de la adoración. Pero ya no era el tipo de expresión que le costaba.

Pero Ezequías no correspondió al favor recibido, sino que se llenó de orgullo. Eso hizo que el Señor se encendiera en ira contra él, y contra Judá y Jerusalén.

—2 Crónicas 32:25

Ahí está. Eso es lo que provocó el derrumbe de la vida y el legado de ese gran reformador. *Sus sacrificios a Dios no igualaron el favor que se le dio.* La obediencia simbólica alivia la conciencia, pero no hace nada para transformar nuestras vidas.

Este pasaje de la Escritura nos muestra cómo el imperio de este gran rey comenzó a desmoronarse. Perdió la oportunidad de preparar a Judá para una reforma que nunca habían experimentado. Eso habría sido multigeneracional. Pero perdió el privilegio de preparar a la próxima generación cuando dejó de aumentar la medida del sacrificio que era igual a la medida del favor y la bendición.

El sacrificio es una parte esencial de nuestra vida con Dios, incluso en el Nuevo Testamento. Por supuesto, Jesús es el sacrificio máximo, hecho para que tengamos la salvación ahora y un futuro para siempre. Sin embargo, sigue siendo una parte importante de la vida. No me importa si se trata de una donación económica a la iglesia o a los pobres. No me importa si se trata de dar gracias y alabar a Dios con gritos y danzas.

Lo que ayer era difícil se ha vuelto normal hoy. Lo que ayer fue un sacrificio se convierte en algo común hoy. El desafío es cuando nos sentimos satisfechos con lo rutinario y perdemos la pasión. Recuerda, David nos enseñó que el sacrificio que Dios busca es el de un corazón contrito. Ese es el punto. Cuando dejamos de abrir nuevos caminos, tenemos la tendencia a dejar de darle a Dios lo que nos cuesta algo.

La obediencia simbólica alivia la conciencia pero no hace nada para transformar nuestras vidas. #nacisteparatrascender

---

Dios comparó a Ezequías con David, pero en el momento de crisis de Ezequías, este se derrumbó. Sin embargo, en el momento de crisis de David, este dijo: "No voy a darle a Dios algo que no me haya costado nada". En el momento de David, aumentó el sacrificio e incrementó la ofrenda. Alineó su corazón con el de Dios.

Dios no necesita mis sacrificios en absoluto. Las ovejas muertas ofrecidas en los días de David no hicieron nada por él. El dinero que damos hoy es completamente innecesario para Dios. Los sacrificios no son para él, en el sentido de que le brinden algún beneficio. Dar de la manera para la que fuimos diseñados es lo que nos mantiene saludables. Responder de manera inadecuada afecta nuestra salud, por dentro y por fuera. Los que se quedan con las ofrendas se despojan del futuro que Dios tenía previsto para ellos.

Esto revela una parte transcendental de la vida que a menudo se pasa por alto: nuestra respuesta a Dios debe reflejar la respuesta que él nos da a nosotros. Dios me considera la perla de gran precio. Yo, a mi vez, debo verlo como la perla de gran precio para mí. Yo soy la niña de sus ojos. Entonces él debe convertirse en el centro de toda mi vida. Él dio su vida por la mía. ¿Cómo puedo darle menos? Mi respuesta a él debe ser igualmente proporcional a la medida des impacto en mi vida. Darle algo menos es quedarme con lo que le debo. Es un robo. Esto parece un mandato difícil de obedecer, muy similar a los requisitos de la ley. Pero no es así. Al menos no lo es cuando estás enamorado. Mantener una relación tipo primer amor con Jesús es la esencia de nuestro diseño.

EL COSTO SIMBÓLICO DE LA OBEDIENCIA

El libro de Proverbios nos da una lección sorprendente sobre la pasión frente a la complacencia que puede ayudarnos a comprender por qué las decisiones de Ezequías fueron tan devastadoras.

> También el que es negligente en su trabajo es hermano del hombre disipador.
>
> —PROVERBIOS 18:9 RVR1960

Imagina dos grupos de personas en la ilustración que se da en este versículo. Primero están los trabajadores negligentes, perezosos o haraganes y luego los que se oponen al trabajo y son disipadores. ¿Se parecen ambos? Claro que se parecen. El negligente, al no poner diligencia en lo que hace, disipa lo que tiene en sus manos o a su cargo. Ahora imagínate a un siervo apasionado del Señor. Y luego a un creyente complaciente, seguido por un oponente al evangelio. ¿Cuáles son los dos más parecidos? Es aterrador considerarlo, pero son el creyente complaciente y el opuesto al evangelio. De alguna manera, la vida del complaciente legitima al oponente al evangelio. Y el efecto de la vida de Ezequías confirma esta conclusión.

De doce años era Manasés cuando comenzó a reinar, y reinó en Jerusalén cincuenta y cinco años; el nombre de su madre fue Hepsiba. E hizo lo malo ante los ojos de Jehová, según las abominaciones de las naciones que Jehová había echado de delante de los hijos de Israel. Porque volvió a edificar los lugares altos que Ezequías su padre había derribado, y levantó altares a Baal, e hizo una imagen de Asera, como había hecho Acab rey de Israel; y adoró a todo el ejército de los cielos, y rindió culto a aquellas cosas. Asimismo edificó altares en la casa de Jehová, de la cual Jehová había dicho: Yo pondré mi nombre en Jerusalén. Y edificó altares para todo el ejército de los cielos en los dos atrios de la casa de Jehová. Y pasó a su hijo por fuego, y se dio a observar los tiempos, y fue agorero, e instituyó encantadores y adivinos, multiplicando así el hacer lo malo ante los ojos de Jehová, para provocarlo a ira. Y puso una imagen de Asera que él había hecho, en la casa de la cual Jehová había dicho a David y a Salomón su hijo: Yo pondré mi nombre para siempre en esta casa, y en Jerusalén, a la cual escogí de todas las tribus de Israel; y no volveré a hacer que el pie de Israel sea movido de la tierra que di a sus padres, con tal que guarden y hagan conforme a todas las cosas que yo les he mandado, y conforme a toda la ley que mi siervo

Moisés les mandó. Mas ellos no escucharon; y Manasés los indujo a que hiciesen más mal que las naciones que Jehová destruyó delante de los hijos de Israel.

—2 Reyes 21:1-9 RVR1960

Manasés, hijo de Ezequías, tenía doce años cuando comenzó a reinar. Eso significa que nació en el período de los quince años que Dios extendió la vida de su padre. Ese debe haber sido el momento en que la pasión de Ezequías por Dios estaba en su punto más alto, ya que Dios le había perdonado la vida y aumentado su favor a nivel internacional. Pero no fue así. Manasés nació durante los años en los que los sacrificios de Ezequías ya eran ofrendas simbólicas. No representaban la pasión por Dios que tuvo en la primera parte de su reinado. Cuando los jóvenes nacen en tradiciones y formas religiosas sin la manifestación de la presencia y el poder de Dios, hay una probabilidad mucho mayor de que opten por una forma de vida alterna. La complacencia nutre el corazón del oponente al evangelio.

Describir el estilo de vida de Manasés como una alternativa sería hipocresía. Se convirtió en el ejemplo bíblico de los corruptos, los malvados y los endemoniados. Él era peor que el pueblo de las naciones que Dios expulsó de la tierra prometida, la que Israel heredó. Y eso es decir mucho. Tan grande como fue Ezequías en sus primeros días, lo fue Manasés en sus comienzos pero con maldad. Una parte hermosa de la historia es que, finalmente, Manasés se arrepintió. Había suficiente evidencia de la verdad en las tradiciones de su padre para que se convirtiera en el *norte* de ese pensamiento cuando estaba en problemas.

La necesidad de aplausos y el deseo de impresionar
a las personas con el favor de Dios son signos
de debilidad que afectarán nuestro legado.
#nacisteparatrascender

El problema no es ser bendecido. Si lo fuera, podríamos culpar a Dios por causar la caída de Ezequías. La bendición es una herramienta esencial que nos ayudará a terminar nuestras asignaciones. Tenemos la bendición de ser de bendición. Pero el favor también nos coloca en una posición en la que el orgullo se convierte en una opción, si no mantenemos la humildad y la confianza. Este es el camino en el que cayó Ezequías cuando sus ofrendas ya no eran de naturaleza sacrificial. Al contrario, sus esfuerzos se enfocaron en construir su reino y luchar por el favor de las naciones vecinas.

La necesidad de aplausos y el deseo de impresionar a las personas con el favor de Dios son signos de debilidad que afectarán nuestro legado. Esos valores son evidencia del temor al hombre, que siempre reemplaza al temor a Dios. Siempre que Dios revela estos problemas en nuestras vidas, es para que reconozcamos con qué tenemos que lidiar y nos humillemos, realmente, en el proceso. Ignorarlos solo acentúa las debilidades y aumenta el impacto de nuestro colapso.

Por dicha, los peligros de la promoción no son automáticos. En otras palabras, no estoy diciendo que el fracaso sea la única opción cuando somos bendecidos. El éxito es posible, y probable, si nos mantenemos humildes y dependemos de Dios en los tiempos de bendición en la misma medida que en los tiempos de prueba.

Abandonar nuestras responsabilidades y asignaciones es una tentación en el tiempo en que recibimos las bendiciones. La gente suele pensar que la promoción final es la nada, pero no es así. Si bien el descanso es más necesario a medida que pasan los años, fuimos diseñados para representarlo bien en el trabajo. "Sea la luz de Jehová nuestro Dios sobre nosotros, y la obra de nuestras manos confirma sobre nosotros; sí, la obra de nuestras manos confirma" (Salmos 90:17 RVR1960).

CAPÍTULO 14

RECALIBRA TU CORAZÓN

Pertenezco a una familia pastoral. Soy de la quinta generación por el lado de la familia de mi padre y de la cuarta generación por parte de mi madre. Mis hijos son de sexta y quinta generación, respectivamente, en nuestros puestos de ministerio. Tenemos una familia inusual en ese sentido. Cualquiera de ellos en el que piense es un seguidor de Cristo. Pero para que no dé una idea errada de nuestra tribu, aunque somos bendecidos estamos muy lejos de ser perfectos. Todo lo que está bien en nosotros es gracias a la gracia de Dios, ya que Dios no tiene nietos. Cada persona debe acudir a él por su propia cuenta y no pensar que puede tener una relación con Dios debido a lo que su familia sea.

Escribo esto habiendo terminado recientemente nuestras vacaciones de acción de gracias en unión de la familia. Cada año, entre cuarenta y cincuenta miembros de la familia nos reunimos para degustar una gran comida y celebrar la bondad de Dios. Realmente es divertido, pero también muy ruidoso, debido a la gran cantidad de niños menores de diez años. Digamos que no nos falta entusiasmo en esa reunión. Estoy seguro de que el gran volumen de ruido ha inspirado a muchos adultos a orar por el buen tiempo en esas vacaciones, solo para que los niños puedan agotarse afuera antes de comer.

Mi mamá está a punto de cumplir noventa y un años. Ella se siente en su ambiente cada vez que la familia se encuentra para celebrar cualquier tipo de reunión. Tiene una resistencia sorprendente, especialmente cuando se trata de niños y su estilo de vida lleno de energía. Mi papá ya está en casa con el Señor, pero también disfrutaba de nuestras reuniones familiares. Le asombraba la bondad de Dios para con todos nosotros, por lo que se apresuraba a darle crédito por cualquier cosa buena que sucediera con nosotros. De hecho, pidió que su versículo favorito al respecto se escribiera en su lápida: "Pero Dios ..." (Efesios 2:4). Y como él, ahora veo la absoluta gracia de Dios sobre nosotros como familia y también doy gracias. Ojalá pudiera decir que esta gracia nos ha permitido evitar problemas, crisis y fracasos. Pero no es así. Sin embargo, en medio de todo, queda la gracia. La gran gracia.

LA RESPONSABILIDAD DEL FAVOR

Tengo mucha gente a mi alrededor que son creyentes de primera generación. Harían cualquier cosa para tener el impulso de la gracia en su descendencia familiar como nosotros en la nuestra. Y aunque es imposible retroceder varias generaciones y restablecer la dirección de tu familia, es posible a través de la honra y la humildad heredar ese impulso de gracia de una familia que tiene ese testimonio.

La autocompasión no arreglará eso. Acusar a Dios, tampoco ayudará a cambiar la descendencia familiar. Pero reconocer la gracia de Dios que descansa sobre otra persona es un primer paso grandioso. En esa posición, somos más propensos a honrar al que se debe honrar, que obviamente es nuestro Padre amoroso. Él no nos muestra el favor a una persona para que veamos la carencia de este en otra. Lo hace para atraernos a él y para que podamos comprender más plenamente lo que nos ha dado a través de su Palabra. A partir de eso, podemos aprender a honrar lo que Dios ha hecho y aprender de su ejemplo.

Creo que incluso es apropiado recibir la oración de ellos para que Dios imparta a nuestra familia la gracia que está en la de los demás. Dios puede impactar a toda una decendencia familiar a través de una oración como esa, para que puedan vivir como si ellos también tuvieran múltiples generaciones de creyentes. Solo Dios puede hacer eso. Él puede hacerlo y lo hará.

Cualquiera que tenga una mayor medida de favor, en un aspecto de su vida, debe vivir consciente de que es un regalo de Dios. No importa cuánto trabajé, cuánto sacrifiqué o cuánto obedecí a Dios. El resultado final es enteramente un regalo de la gracia de Dios.

#nacisteparatrascender

Beni y yo hicimos eso cuando reconocimos el favor de Dios en la vida de las personas en aspectos en los que parecíamos tener poco favor o avance y, como resultado, nuestras vidas cambiaron drásticamente. El punto es que ninguno de nosotros necesita escasez. Nunca. Hay suficiente gracia para que todos reinemos en cada aspecto de la vida. Pero debemos acoger el proceso con humildad y aprender, con gratitud, unos de otros. Debido a que somos una familia y porque somos miembros individualmente de un cuerpo, el avance para uno es progreso para todos.

Cualquiera que tenga una mayor medida de favor, en un aspecto de su vida, debe vivir consciente de que es un regalo de Dios. No importa cuánto trabajé, cuánto sacrifiqué o cuánto obedecí a Dios. El resultado final es enteramente un regalo de la gracia de Dios. Cuando nos damos cuenta de ello, es mucho más fácil compartir las ideas, las experiencias y el ánimo esperanzador para que otros se beneficien de la misma manera que nosotros nos beneficiamos de los éxitos de los demás.

¡ESO ES MÍO!

Hay muchos que parecen sentirse mal por tener las bendiciones y el favor de Dios en sus vidas. Recuerdo a un pastor que pasó a recogerme en su auto nuevo. Era hermoso. Me di cuenta de que lo disfrutaba pero, a la vez, sintió la necesidad de explicarme cómo lo consiguió. Fue un regalo de su congregación. Por supuesto, lo celebré con él, pero también me sentí mal por él porque sintió que la bendición requería una explicación. La mayoría de nosotros vivimos con una necesidad subconsciente de disculparnos por el favor recibido. Eso es triste. Pero hasta que tengamos una teología adecuada de la bendición, probablemente continuaremos haciendo eso.

En realidad, no tienes que dar disculpas, explicar o sentirte culpable —nunca— por un favor recibido. Si lo haces, limitas lo que Dios puede confiarte. A menudo sentimos la necesidad de dar explicaciones porque nosotros, como iglesia, aún no tenemos una teología firme en cuanto a la bendición que no socave el mensaje del evangelio de Jesús. Se han hecho intentos, pero a mi modo de pensar son simples tentativas de legitimar el materialismo que han fracasado de una manera estrepitosa. Ahora tenemos otra oportunidad. Es esencial que lo entendamos sin celebrar el materialismo ni legitimar las acusaciones, las sospechas y los celos que acompañan esas travesías, como en el pasado.

Lo que el favor siempre hace en la persona es que esta atraiga a la gente a Dios. Las bendiciones deben ser la tarjeta de presentación de Dios para los perdidos.

> Sin embargo, no ha dejado de dar testimonio de sí mismo haciendo el bien, dándoles lluvias del cielo y estaciones fructíferas, proporcionándoles comida y alegría de corazón.
>
> —Hechos 14:17

Las bendiciones que recibimos cada día son para que seamos un testimonio vivo de Dios ante las personas. El favor de Dios en la vida de la persona tiene por objeto hacer que la gente sienta hambre por más. Los celos son una falsificación barata que, al final, socavan la invitación de Dios a obtener más. Cuando las bendiciones descansan sobre la vida de otra persona, esas personas deben dirigirnos a Dios. Deben llevarnos a su Palabra para que podamos aprender cómo apropiarnos de sus promesas más plenamente en nuestras vidas.

Dios no hace acepción de personas. Él es el mismo ayer, hoy y siempre. Eso significa que califico para obtener su favor y su gracia. Por fe, heredo las promesas de Dios para mí mismo en una situación determinada.

DAVID MODELÓ ESO

Eso es lo que le sucedió a David cuando vio las bendiciones de Dios sobre Obed-Edom y su familia. Obed-Edom era un hitita de Gat, una ciudad filistea. Lo más probable es que fuera uno de los muchos filisteos expatriados leales a David. (Ver 2 Samuel 15:18-22; 18:2). Eso explicaría por qué David colocó el arca del pacto (en la que moraba la presencia de Dios) en el hogar de un extranjero después de la muerte de Uza.

Lo que el favor siempre hace en la persona es que esta atraiga a la gente a Dios. Las bendiciones deben ser la tarjeta de presentación de Dios para los perdidos.
#nacisteparatrascender

Uza extendió la mano para que el arca no se cayera, lo que Dios llamó irreverente. Murió como resultado de ello. Debido a esa pérdida, David se enojó y además se asustó. Creo que es seguro decir que David le tenía miedo a Dios. Por esa razón, puso el arca en la casa de Obed-Edom, en vez de seguir adelante para llevarla a Jerusalén.

Pero sucedió algo. Bendición tras bendición comenzaron a fluir en la casa de Obed-Edom. David se enteró del favor que recibía esa familia y decidió que valía la pena arriesgarse por la bendición. Por lo tanto, buscó a Dios una vez más e intentó llevar el arca a Jerusalén. Esta vez siguió la Palabra de Dios de manera más intencional y como resultado tuvo éxito. No es natural que no busquemos las bendiciones cuando vemos que están la disposición nuestra. Un falso sentido de humildad ha matado ese deseo de buscar más de lo que Dios da.

¿Es posible que la muerte de Uza hiciera que David reconsiderara cómo era Dios y por ello dejara de buscar su rostro? Eso es posible e incluso comprensible. Pero fue la bendición la que arregló su pensamiento, dándole el valor para volver a arriesgarse y luchar por lo que Dios le había prometido.

Me gustaría sugerir que ese fue un momento clave en la vida de David y, en última instancia, en la historia de Israel. Dejó atrás la ofensa, la autocompasión y todos los demás obstáculos descubiertos en el camino hacia el propósito cumplido. A través de David, la presencia de Dios fue restaurada al lugar que le correspondía: Jerusalén. Israel llegó a ser más plenamente lo que Dios pretendía como nación: el pueblo de su presencia. La bendición de Dios a Obed-Edom despertó en David una pasión por buscar más de él, lo que tenía a su disposición a través del testimonio y la promesa.

JOB LO SABÍA

Job era un hombre extremadamente bendecido, todos en su época sabían eso. Incluso Dios se jactaba de él, tanto que decía que era un "hombre recto e intachable, que me honra y vive apartado del mal" (Job 1:8). Job fue bendecido con estatus, riqueza, familia y favor.

Sus hijos fueron criados en la bendición del Señor. Aunque no conocemos su espiritualidad, sabemos que fueron criados en un ambiente piadoso, disfrutando la bondad de Dios a través de la pasión de su padre por Dios. Pero Job conocía el efecto de la bendición en el alma de la persona, por lo que tomó medidas deliberadas para mantenerla resguardarla.

Sus hijos acostumbraban turnarse para celebrar banquetes en sus respectivas casas, e invitaban a sus tres hermanas a comer y beber con ellos. Una vez terminado el ciclo de los banquetes, Job se aseguraba de que sus hijos se purificaran. Muy de mañana ofrecía un holocausto por cada uno de ellos, pues pensaba: "Tal vez mis hijos hayan pecado y maldecido en su corazón a Dios". Para Job esta era una costumbre cotidiana.

—Job 1:4-5

Eso me parece asombroso. No se escribe nada de pecado o mala conducta sobre Job. Pero él, en su sabiduría, conocía el efecto potencial de una vida bendecida si el corazón no se mantiene bajo control mediante el agradecimiento y la humildad. Así que ofreció sacrificios en su nombre, lo que equivale a una oración de tipo intercesor en nuestros días. Hizo eso por si acaso algo pudiera haber entrado en los corazones de ellos mientras estaban festejando. Le preocupaba lo que podrían haber pensado en los momentos de abundancia.

¿Cómo se ve cuando el favor de Dios se lleva bien?
Él es glorificado, nosotros somos fortalecidos
y las personas que nos rodean se benefician.
#nacisteparatrascender

De acuerdo a este mismo tema, Proverbios 30:8-9 (RVR1960) advierte: "Vanidad y palabra mentirosa aparta de mí; no me des pobreza ni riquezas; mantenme del pan necesario; *no sea que me sacie, y te niegue, y diga: ¿Quién es Jehová?* O que siendo pobre, hurte, y blasfeme el nombre de mi Dios". Quiero llamar tu atención sobre la frase que puse en cursiva. El último libro sobre sabiduría reconoce la capacidad de algunos de tener abundancia y luego perder su contacto con el Señor. Por dicha, eso no es automático.

Dios es un Padre perfecto que busca oportunidades para derramar bendiciones en la vida de sus hijos. Pero también es un Padre que nos ama y no quiere aumentar nuestra bendición más allá de lo que tenemos en el corazón y de la madurez que tenemos para lidiar con las cosas. ¿Cómo se ve cuando el favor de Dios se lleva bien? Él es glorificado, nosotros somos fortalecidos y las personas que nos rodean se benefician. Insisto, es el anhelo disciplinado con humildad y agradecimiento lo que nos permite sobrevivir y prosperar con el alto costo de las bendiciones.

Quiero llamar tu atención, nuevamente, a lo que el apóstol Pablo quiso decir cuando indicó que había aprendido cómo vivir en abundancia y cómo vivir en necesidad. Luego dio el secreto: "Todo lo puedo en Cristo que me fortalece" (Filipenses 4:13). Instintivamente sabemos que necesitamos fuerza cuando experimentamos dolor y carencia. Pero Pablo también sabía que necesitaba la misma medida de fuerza cuando estaba en abundancia. Esa humildad y esa dependencia son clave para vivir en bendición sin arruinar su propósito. El favor de Dios siempre es hacernos buscar de él como la fuente, así como también darnos la honra de representarlo en cualquier área en la que opere el favor.

RARA VEZ SE TRATA DE DINERO

Lo último sobre lo que siempre quise escribir en este libro es acerca del dinero. No le tengo miedo al tema en absoluto. Es solo que muchos tienen una cojera tan emocional en su caminar con Cristo que es difícil comunicar bien. Hay tantos "desencadenantes" en nuestras diversas culturas espirituales que abundan las reacciones, innecesariamente. Quiero que esta sección sobre dinero trasmita mis valores.

Cuatro cosas me interesan con respecto al dinero y las posesiones. Estoy seguro de que todos podríamos enumerar docenas de ellas, pero he reducido mis prioridades a cuatro que se han convertido en los parámetros rectores durante décadas.

1. **La generosidad.** La primera prioridad de los recursos, ya sea dinero, posesiones, conocimientos o lo que sea, es ser generoso. Beni y yo nunca hemos dado menos del veinte por ciento de nuestros ingresos en los cuarenta y seis años de matrimonio. Planeamos nuestra vida financiera primero en torno al privilegio de dar y luego el resto de nuestras necesidades.

2. **El contentamiento.** No tener que "mantenerse a la par de los vecinos" es una gran parte del éxito financiero en el reino de Dios. Estar satisfecho con lo que Dios ha provisto en una temporada en particular es importante. Eso no significa que esté mal moverse o que obtener una mayor cantidad de recursos sea malo. Simplemente significa que debo encontrar el lugar que me alegre en cualquier condición en la que me encuentre.

3. **Las inversiones.** Cada hogar debe buscar múltiples fuentes de ingresos. Es sapiencia bíblica hacer que el dinero trabaje para nosotros. Esta es una de las leyes financieras más básicas. El dinero debe trabajar para nosotros. Y con el tiempo, debido a la maravilla del interés compuesto, los ingresos aumentan exponencialmente. El contentamiento hace que esto sea posible porque nuestras vidas no están definidas por lo que poseemos.

Como mencioné en el capítulo 1, le digo a nuestra gente que si no anhelan más, son egoístas. ¿Cómo podemos estar rodeados de una necesidad tan grande y no querer hacer algo al respecto? Para demostrar que estamos espiritualmente vivos, debemos orar para recibir más de lo que Dios ha reservado para aquellos que viven de acuerdo con la sabiduría que él proporcionó.

4. **La excelencia en las compras.** Puede que esto no parezca importante para muchos, pero considero que es una excelente manera de ilustrar el estilo de vida del reino. La excelencia es una de las principales expresiones de sabiduría. Y aplicarla en nuestras adquisiciones de bienes ilustra su naturaleza. En mi opinión, comprar lo mejor para lo que tenemos los recursos ilustra el cuidado y la sabiduría adecuados. Eso me parece bastante diferente ahora que hace cuarenta años. Pero el principio era el mismo. Muchas veces, a lo largo de los años, he tratado de ahorrar dinero (como buen discípulo) para el reino y he comprado cosas que no han sido de tan alta calidad como podría haberlo hecho. No creo que Dios haya honrado nunca esa decisión, ya que parecía ser contraproducente casi todas las veces. Es vital que vivamos para honrar a Dios en todo lo que hacemos. Él no es un Dios al que lo atraiga lo inferior.

LA EXCELENCIA DE LA PROMOCIÓN

Me encanta la forma en que Dios honra el estilo de vida de la excelencia. Es que lo hace con la promoción. La excelencia es una de las muchas maneras en que se manifiesta la sabiduría y Dios busca promoverla en la tierra. No confundas el perfeccionismo con la excelencia. El perfeccionismo es diferente de la excelencia de la misma manera que la religión (forma sin poder) es diferente del reino de Dios (la realidad definitiva de la presencia y el poder de Dios). El perfeccionismo es religión y la excelencia es reino.

Proverbios, una vez más, trae mucha claridad al tema de la promoción y también sobre la tentación que genera la promoción.

> ¿Has visto hombre solícito en su trabajo? Delante de los reyes estará; no estará delante de los de baja condición ... Y pon cuchillo a tu garganta, si tienes gran apetito.
>
> —PROVERBIOS 22:29; 23:2 RVR1960

Como indiqué anteriormente, la excelencia es la clave para la promoción. Pero este pasaje nos advierte que debemos vigilar una vez que llegue la promoción. Pon cuchillo a tu garganta. Esa es una descripción bastante burda de la importancia de la restricción autoimpuesta. Aquel que vive con la excelencia como estándar de vida y trabajo, experimentará la promoción de formas que otros nunca recibirán.

Es tanto una advertencia como una bendición que la promoción lleve a una persona a una compañía de personas cuya riqueza, propósito cumplido y estatus son mayores que los de ellos. La advertencia de la sabiduría es: "Pon cuchillo a tu garganta si tienes gran apetito". Aquí radica el papel de la disciplina: reconocer a qué me expone el favor recibido y mi propia inclinación a la ganancia externa, y en base a ello utilizar la restricción autoimpuesta que elige el privilegio de la influencia sobre la posibilidad de la ganancia personal. Para decirlo claramente, puedo tener la influencia que la excelencia hace posible, o puedo cambiarla por mi lujuria en beneficio personal. Pero no puedo tener ambas cosas.

LA TEOLOGÍA DE LA BENDICIÓN

Nos encanta cuando la gente busca primero el reino de Dios. Pero no siempre nos alegramos con ellos cuando "todas estas cosas son añadidas" (Mateo 6:33) a sus vidas. Nos encanta cuando alguien da en secreto. Pero no siempre nos alegramos con ellos cuando Dios los recompensa a la vista de todos (Mateo 6:4). Nos encanta cuando la gente se humilla bajo la poderosa mano de Dios. Pero no siempre nos contentamos con ellos cuando Dios los exalta a su debido tiempo (1 Pedro 5:6).

Puedo tener la influencia que la excelencia hace posible, o puedo cambiarla por mi lujuria para beneficio personal. Pero no puedo tener ambas cosas. #nacisteparatrascender

---

Cada una de esas situaciones nos dan la oportunidad de crecer con una mentalidad de reino que se regocija en la promoción de los demás pero, también, pueden hacer que surjan los celos en nosotros, los que a menudo se fortalecen a través de lo que falsamente se llama perspicacia.

A lo largo de la historia, ha habido grandes movimientos de Dios que terminaron abruptamente debido a los celos y la competencia. Sin embargo, nunca pasó por la mente de Dios poner fin al progreso de lo que estaba haciendo en la tierra. Pero para salvar a los que llevaban ese peso de gloria, para no bendecirlos más allá de su capacidad de soportar, les retiró la unción.

Estamos en un lugar y un momento en que siento que el Señor una vez más quiere ver lo que podemos llevar ante él de manera responsable. ¿Seremos malinterpretados? Por supuesto. Como dije antes, Jesús era perfecto y fue incomprendido. No puedo esperar menos. Y aunque no tengo que disfrutarlo, tengo el privilegio de dar gracias en medio de él.

Creo que al Señor le encantaría mostrar su poder de resurrección. Le encantaría mostrar cómo se ve tener un pueblo que finalmente está fuera del desierto.

Israel anduvo cuarenta años alrededor de la misma montaña porque simplemente no pudieron aprender la lección de la entrega y la confianza. Hoy, algunas personas han pasado toda su vida así y todo lo que el Señor está tratando de hacer es enseñarles sobre la confianza, porque una vez que se resuelva el tema de la confianza, se le puede confiar una tierra prometida.

Para aceptar la asignación que se nos ha dado, que es discipular a las naciones, tenemos que aprender esa lección. Tengo que estar de acuerdo con que consigas el auto por el que estaba orando. Tengo que saber cómo celebrar *tu* ascenso aunque esperaba que fuera mi turno.

Jesús era perfecto y fue incomprendido.
No puedo esperar menos.
#nacisteparatrascender

Tanto Jesús como Salomón enseñaron el mismo concepto acerca de gestionar la posesión o experiencia de otra persona. El siguiente es el comentario de Jesús: "Y, si con lo ajeno no han sido honrados, ¿quién les dará a ustedes lo que les pertenece?" (Lucas 16:12). La posesión de otra persona, ya sea la promoción que quería o el gran avance que necesitaba, es una oportunidad para celebrar su progreso como preparación para el mío. Y la incapacidad de celebrar el avance de otra persona como si fuera mío, en realidad, hace que mi propio avance se retrase.

En Weaverville, uno de nuestros hombres clave en la iglesia era contador. Tenía una oficina de contabilidad, por lo que tramitaba impuestos y otros servicios para empresas, etc. Uno de sus competidores acababa de abrir una oficina nueva y lo invitaron a asistir a la gran inauguración. Se quedó durante toda la fiesta hasta que todos se fueron a casa. Luego explicó que las cosas estaban difíciles financieramente y que no pudo llevar un regalo. Pero preguntó si les gustaría que orara por la bendición de Dios para el dueño de la empresa que se iniciaba. Dijeron que sí. Entonces oró. Dio gracias por él y celebró la bondad de Dios por haberlo prosperado. Oró por una mayor bendición. Cuando terminó, el "competidor" tenía lágrimas en los ojos porque se dio cuenta de que "Así es como funciona su mundo. En *su* mundo, es posible que ambas empresas tengan éxito".

Si ves que alguien logra un gran avance por el que estabas orando, incluso si tienes que esforzarte, celébralo. Si estás celoso, a veces regalar honra silenciará los celos. Pon algo en acción. Evade una comida y ora por ellos. Haz algo. Es vital que matemos de hambre a los celos al no prestarles atención.

DETRÁS DEL TELÓN

Algunos de los que son bendecidos externamente en múltiples áreas de sus vidas son, en realidad, aquellos que han pagado un gran precio al buscar el reino de Dios (su señorío) en cada una de esas áreas. Eso mueve el amor de Dios por ellos en formas externas. En otras palabras, esos individuos son recompensados a la vista de todos por lo que hicieron en secreto (invisibles para todos). Esto es lo que hace nuestro Padre amoroso.

A menudo, el que parece haber logrado el éxito económicamente es, en realidad, alguien que ha sido un dador secreto de las cosas que Dios valora. Cuando Dios recompensa abiertamente, trae la vida de esa persona a la bendición, pero también al escrutinio. Jesús dijo que devolvería cien veces más de lo dado, aunque con persecuciones. (Ver Marcos 10:30). Es trágico que a menudo la persecución provenga de creyentes bien intencionados.

Cuando las personas son exaltadas o promovidas a posiciones de influencia, el creyente promedio se pregunta qué compromiso asumieron para llegar a ese lugar. Mientras escribo esto, un músico famoso está profesando audazmente a Cristo, pero gran parte de la iglesia está cuestionando su conversión. Los celos son feos y costosos.

Celebrar la victoria de otra persona suele
ser clave para la nuestra.
#nacisteparatrascender

La ausencia de una teología de la bendición crea un vacío que atrae al engaño y a la mentira. Es extraño, pero esa forma de pensar a menudo funciona a partir de una verdad mal aplicada. En otras palabras, una persona se siente justificada en su oposición a la riqueza de un creyente porque siente un odio genuino por el materialismo. Cuando rechazamos a una persona debido a cierta verdad, por lo general la aplicamos mal y actuamos con sospecha, no con discernimiento real.

Es tiempo de resolver algunos de esos problemas que nos han alejado de las posiciones de influencia para el reino de Dios y aprender a celebrar el ascenso de otra persona sin vacilar por los celos y las acusaciones. Celebrar la victoria de otra persona suele ser clave para la nuestra.

DE VUELTA A LA ACCIÓN DE GRACIAS

Tuve una experiencia interesante en medio de la noche hace unos meses. El Señor me dijo que la clave de la salud mental es dar gracias en todo y la de la salud emocional es regocijarse siempre. Ese enfoque de la vida es fundamental para ser lo que Dios ideó que fuéramos.

Estoy muy agradecido por la bendición de Dios sobre mi familia y sobre Betel en general. Nuestros tiempos de reunión son recordatorios de que, a pesar de todas nuestras imperfecciones, vivimos bajo el favor de Dios. La vida bendecida no nos ha alejado de las crisis o el fracaso. Pero trabajamos duro para usar ese favor con el objeto de servir bien a las personas y mejorar sus vidas a través del ejemplo, la enseñanza y las relaciones personales.

Sin embargo, me niego a sentirme culpable por ser favorecido y bendecido. Pedir disculpas por el toque de Dios en mi vida para demostrarles a los demás que "no soy digno" es otra posición malsana que es una completa pérdida de tiempo. Esta postura atrae a la gente, ya que es como un disfraz de humildad. Pero no creo que atraiga a Dios. No quisiera que mis hijos se disculparan con sus amigos por lo mucho que los amo. Al contrario, mi deseo es que mi amor los liberare para soñar y celebrar la vida en formas que, de otra manera, se mantendrían fuera de su alcance.

El favor es un regalo. Si se ganara, se llamaría salario, lo que significa que podríamos atribuirnos el mérito. Pero no es así. En cambio, tenemos la responsabilidad de usarlo para el propósito de glorificar a Dios y hacer que otros se beneficien. Curiosamente, usar el favor de esta manera hace que aumente.

He aprendido que las bendiciones pueden hacer que uno se sienta con derecho y merecedor en vez de agradecido y dependiente. No quiero volver paranoico a nadie, pero después de unas maravillosas vacaciones de Acción de Gracias con mi familia y mis amigos, sentí la necesidad de estar a solas con Dios. Lo hice pensando en algo: quería que mi corazón fuera recalibrado en cualquier lugar donde tuviera que estar bajo el señorío absoluto de Jesús en cuanto a mis pensamientos, intenciones y acciones. Quería reafirmar intencionalmente mi completa dependencia de su gracia. No es que me hubiera extraviado en ninguna manera. De hecho, incluso después de pasar tiempo en su gloriosa presencia, él no me habló de ninguna conducta, pensamiento o actitud inapropiada que yo tuviera que confesar.

El favor es un regalo. Si se ganara, se llamaría salario,
lo que significa que podríamos atribuirnos el mérito.
Pero no lo es.
#nacisteparatrascender

Los miembros de nuestra familia pasaron un tiempo maravilloso juntos. Celebramos con buena comida, disfrutamos unos de otros y compartimos las maravillosas historias de nuestras vidas como creyentes. Todo estuvo bien. Pero puedo sentir la atracción en tiempos de abundancia (familia, comida y tiempo para descansar) para dirigir mi atención a buscar primero "todas esas cosas" en lugar de buscar primero el reino. No fue un sentimiento de culpa debido a la bendición. Creo que fue sabiduría, hacer por mí mismo lo que Job hizo por sus propios hijos.

LA VIDA DE BENDICIÓN

Debemos recordar que, si aun cuando el nuevo pacto es mayor que el antiguo, y las bendiciones del antiguo nunca deben superar las del nuevo, aquí yace una bendición que creo que pasó sin cambios a través de la cruz. A Aarón se le dio este decreto para que lo anunciara sobre el pueblo de Dios.

Jehová te bendiga, y te guarde; Jehová haga resplandecer su rostro sobre ti, y tenga de ti misericordia; Jehová alce sobre ti su rostro, y ponga en ti paz. Y pondrán mi nombre sobre los hijos de Israel, y yo los bendeciré.

—Números 6:24-27

Somos predestinados a vivir con las bendiciones del Señor en nuestras vidas como tarjetas de presentación para que otros acepten su invitación a recibir su gracia. Si bien la bendición es relativa, de acuerdo con nuestra asignación en la vida, lleva la revelación del corazón de Dios como Padre para que todos la reciban. Aprender a hacer esto bien puede ser la clave para que los reinos de este mundo se conviertan al reino de nuestro Señor y Cristo.

Compararnos con los demás solo puede llevarnos a pensar incorrectamente y, en última instancia, a obrar mal. Ese es el caldo de cultivo de los celos.

La teología de la bendición no es que nos dé cuentas bancarias con grandes sumas de dinero. No es para ilustrar nuestra grandeza o talento. Y ciertamente no quiere decir que seamos mejores que otra persona. Lo que ha faltado hay que abrazarlo para ilustrar el éxito de la cruz y su correspondiente resurrección, para traer la máxima ilustración de una vida bien vivida y la correspondiente transformación a las naciones del mundo. Tenemos el honor de mostrar el efecto de la gracia en nuestras vidas.

En esto se ha perfeccionado el amor en nosotros, para que tengamos confianza en el día del juicio; pues *como él es, así somos nosotros en este mundo.*

—1 JUAN 4:17 RVR1960

Regresemos a una de las declaraciones más notables de todo el Nuevo Testamento. *Como él es, así somos nosotros en el mundo.* No dice lo que era. A veces, nuestra preocupación por el exceso nos hace ignorar la verdad. ¿Qué se quiere decir aquí? ¿Significa esto que nunca más necesitaremos corrección, arrepentimiento, crecimiento o disciplina? Por supuesto que no. Este pasaje simplemente describe a qué estamos siendo conformados: ¡a la imagen de nuestro Salvador victorioso y glorificado! Esto se trata de la gloria de Dios sobre su pueblo.

Compararnos con los demás solo puede llevarnos
a pensar incorrectamente y, en última instancia,
a obrar mal. Ese es el caldo de cultivo de los celos.
#nacisteparatrascender

Nuestras vidas no siguen el modelo perfecto de Cristo cuando se dirigió a la cruz. Sí, la vida de la cruz sigue siendo esencial para todos nosotros. Pero ella lleva a algo: a la resurrección. Estamos siendo conformados a la imagen de aquel que resucitó de los muertos, ascendió a la diestra del Padre y fue glorificado. Modelamos la vida resucitada a través de la victoria. Y a veces modelamos la resistencia de la vida hasta que llega la victoria.

Imagínate a un alfarero observando un modelo y dando forma a la arcilla con la vista puesta en dicho modelo. Estamos siendo moldeados por el Espíritu Santo a la semejanza del modelo: Jesucristo, el Ascendido. Él es glorificado y está a la diestra del Padre. Todos los esfuerzos egocéntricos y materialistas de representar la piedad a través de manifestaciones carnales son copias falsificadas, y copias pobres en eso. Tenemos el distinguido privilegio de vivir en resurrección aquí en la tierra, como una demostración de lo que él es para toda la humanidad. Dios nos ha diseñado para que seamos "hombres maduros, a la plenitud de Cristo". Este es su anhelo, su plan y tiene todo el poder para lograrlo. Que eso suceda en nuestra vida.

> … hasta que todos lleguemos a la unidad de la fe y del conocimiento del Hijo de Dios, a un varón perfecto, a la medida de la estatura de la plenitud de Cristo.
>
> —Efesios 4:13 RVR1960

Debemos darnos a nosotros mismos para aprender a vivir victoriosos, reinando en vida, "porque como él es, así somos nosotros en este mundo" (1 Juan 4:17 RVR1960). Es hora de que esa realidad sea el testimonio vivo de la iglesia en este tiempo. Todo esto es para su gloria, para nuestra fortaleza y para que la salvación llegue a las naciones. *Nacimos para una época como esta, un tiempo de una importancia cada vez mayor.*

Te invitamos a que visites nuestra página web, donde podrás apreciar la pasión por la publicación de libros y Biblias:

www.casacreacion.com

Para vivir la Palabra